U0564039

电力营销数据质量治理系列丛书

电力营销数据质量治理百问百答

国家电网有限公司市场营销部 编

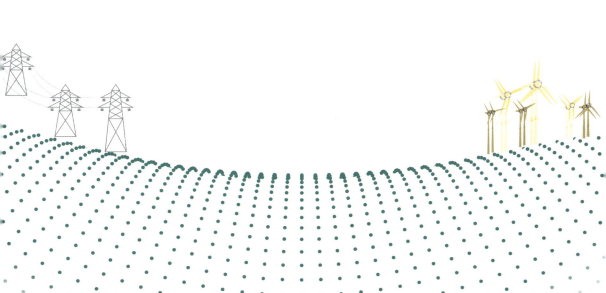

中国电力出版社
CHINA ELECTRIC POWER PRESS

图书在版编目（CIP）数据

电力营销数据质量治理系列丛书 . 电力营销数据质量治理百问百答 ／ 国家电网有限公司市场营销部编 . — 北京 ： 中国电力出版社，2023.12（2024.2重印）

ISBN 978-7-5198-7876-4

Ⅰ . ①电… Ⅱ . ①国… Ⅲ . ①电力工业－市场营销学－数据管理－中国－教材 Ⅳ . ① F426.61

中国国家版本馆 CIP 数据核字（2023）第 089140 号

出版发行：中国电力出版社

地　　址：北京市东城区北京站西街 19 号（邮政编码 100005）

网　　址：http://www.cepp.sgcc.com.cn

责任编辑：杨敏群　周天琦

责任校对：黄　蓓　马　宁

责任印制：钱兴根

印　　刷：三河市万龙印装有限公司

版　　次：2023 年 12 月第一版

印　　次：2024 年 2 月北京第二次印刷

开　　本：710 毫米 ×1000 毫米　16 开本

印　　张：7.25

字　　数：102 千字

定　　价：30.00 元

电力营销数据质量治理系列丛书

编 委 会

主 任 李 明

副主任 唐文升

委 员

郭 朋	方学民	张兴华	李树国	葛得辉	王子龙
李连海	陈俊章	何 胜	王锦志	何宝灵	解利斌
焦志文	欧阳亚平	杨 恒	范旭东	周 晖	李晓强
王 鑫	彭楚宁	刘 一	朱 克	武 斌	马建伟
王 阳	郑晓雨	宋 莉	李 磊	郭佳迪	胡永朋
王 齐	秦 帅	姚明路	付文杰	霍大伟	何 龙
张爱群	盛 明	龙 禹	沈百强	张 波	熊益红
刘庆涛	潘继雄	郭 雷	张吴敏	赵 芳	黄 会
赵永彬	郭云峰	张永强	郑世英	郭云涛	赵长军
李炳胜	黄富才	董继军	袁世文	杨成月	曾玲丽
邓志东	赵 兵				

电力营销数据质量治理百问百答
编 写 组

主 编　王锦志　何宝灵　何　胜　杨　恒　解利斌　周　晖　范旭东
　　　　陈海洋　祖　敏　王智卜　马鲁晋　潘艳霞　李贵民　张永康
　　　　陈黎军　吕　斌　陈秀丽　易志宇　陈湘媛　孙合法　詹瑞华
　　　　唐　勇　王先明　张　冶　赵志坤　王剑波　王治国　王自军
　　　　宁大鹏　牛威如　郭志华　李春芳　李满树　贡　嘎　张　莉
　　　　周　峰　周　俊　王宏伟

副 主 编　朱　克　汪自虎　周荣臻　宫立华　刘炳超　于　洋　刘振扬
　　　　高　乐　王宏民　林　华　李　颖　王俊龙　王秀明　乔　羽
　　　　王　鑫　李树青　张　腾　侯素颖　刘辉舟　黄　荷　宋　睿
　　　　杨　阳　刘树来　李桂林　胡　兴　刘栋果　姚云霓　崔新廷
　　　　杨慧敏　杜　杰　黎启明　乔　虎　路　洁　黄　华　耿　菲
　　　　于景阳　陈　昊　李亚杰　刘　锋　黄　莺

编写人员　裴一菲　周辛南　韩思雨　赵琛辉　张国民　刘红飞　赵　斌
　　　　吴　丹　徐清新　李小芳　陈　锋　杨福利　杨红涛　李高扬
　　　　耿　涛　刘瑞涛　冯　剑　万国强　王旭东　孔吟潇　张　艳
　　　　张　旭　吴　前　陈　杰　陈　尖　蒋莫若　王玉东　刘　庆
　　　　周有金　况贞戎　侯督宇　白云峰　陈　琦　楚成博　卢　帅
　　　　杨序明　曾洪飞　吕　呈　迪里达尔　马黎明　周海超　谢晓爽
　　　　刘　冰　于　涵　杨　帆　张　帝　谢　超　李　华　周晨晖
　　　　王　波　李婉娉　刘　洋　张　敏　李冰洋　周　越　李海洪
　　　　颜从国　杨迎旗　冯隆基　王　芃　潘雨晴　郑皓天　陈雪薇
　　　　周雪飞　张　璐　李　媛　朗珍白桑　郭　伟　王巳腾　朱丽萍
　　　　王剑峰　于　晨　吕毅军　胡　磊　费丹雄　李佳鹤　王嵩为
　　　　徐微微　张明轩　王　雷　宋剑枫　徐明月　林　鹤　周吉康

审稿人员　丁　晓　殷庆铎　王翰林　王文天　李　玮　栾开宁　李世伟
　　　　丁毛毛　李晓明　洪　杨　余锦河　朱子旭　江　龙　林晓静
　　　　韩硕辰　鞠文杰　裘炜浩　赵　骞　曹　晶　李晓丽　康乃荻
　　　　杜松龄　薛晓慧　秦　蕊　窦　波　李立刚　王玉华　刘鲲鹏
　　　　蒋　涛　李凯丰　蒋文峰　林惠勇　贾卫军　高占宾　杨　超
　　　　滕　宇　张宏伟　毛宏涛　赖世仁　杨　龙　周凤华

前　言

　　数据治理是提升客户业务办理体验和基层工作效率的关键抓手，是建设站位更高远、理念更深入、手段更先进、运营更高效、队伍更专业、品质更优秀的卓越供电服务体系的重要手段，是打造世界一流供电服务企业的必由之路。国家电网有限公司坚持"人民电业为人民"的企业宗旨和以客户为中心的服务理念，2021—2022年专项开展了营销普查和规范工作，致力于夯实营销基础管理、促进营销数字化转型、打造高品质卓越服务。

　　数据治理工作具有长期性、复杂性和广泛性。为强化营销服务人员对数据质量提升的理解和认识，推进营销普查和规范治理常态化，同时为营销2.0系统上线应用提供更加精准、规范的数据支撑，国网市场营销部组织行业、系统内营销专家编写了《电力营销数据质量治理系列丛书》。本丛书深入总结了营销普查和规范两年工作的成效，广泛调研了营销系统基层一线人员工作质量，以实用性、先进性、规范性为原则，共分为电力营销数据质量治理应知应会、电力营销数据质量治理百问百答、营销普查稽核实务、营销普查数字化技术应用、居住小区档案应用、营销2.0系统普查实践等6个分册，以期全面升级数据治理的制度体系、技术工具和队伍能力，全面提升营销人员的数据意识、知识结构和服务水平。

　　本丛书的内容涉及电力营销与数据质量管理、电力营销与服务品质管理工作的诸多方面，既可以作为电网企业开展电力营销数据质量治理实践的参考用书，也可以作为营销服务人员提升能力的培训教材。

编者

2023年9月

目　录

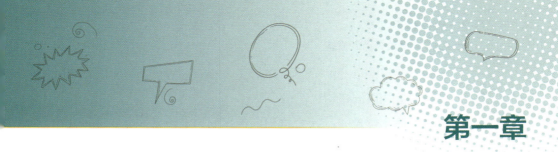

第一章

数据治理问答

一、基础信息问答

（一）国家政策类

1.《供电营业规则》对临时用电是如何规定的？

答：第十二条规定，对基建工地、农田水利、市政建设等非永久性用电，可供给临时电源。临时用电期限除经供电企业准许外，一般不得超过六个月，逾期不办理延期或永久性正式用电手续的，供电企业应终止供电。

使用临时电源的用户不得向外转供电，也不得转让给其他用户，供电企业也不受理其变更用电事宜，如需改为正式用电，应按新装用电办理。

因抢险救灾需要紧急供电时，供电企业应迅速组织力量，架设临时电源供电。架设临时电源所需的工程费用和应付的电费，由地方人民政府有关部门负责从救灾经费中拨付。

2.《供电营业规则》对违约用电是如何规定的？

答：第一百条规定，危害供用电安全、扰乱正常供用电秩序的行为，属于违约用电行为。供电企业对查获的违约用电行为应及时予以制止。有下列违约用电行为者，应承担其相应的违约责任：

（1）在电价低的供电线路上，擅自接用电价高的用电设备或私自改变用电类别的，应按实际使用日期补交其差额电费，并承担二倍差额电费的违约使用电费。使用起迄日期难以确定的，实际使用时间按三个月计算。

（2）私自超过合同约定的容量用电的，除应拆除私增容设备外，属于两部制电价的用户，应补交私增设备容量使用月数的基本电费，并承担三倍私增容量基本电费的违约使用电费；其他用户应承担私增容量每千瓦(千伏安)50元的违约使用电费。如用户要求继续使用者，按新装增容办理手续。

（3）擅自超过计划分配的用电指标的，应承担高峰超用电力每次每千瓦1元和超用电量与现行电价电费五倍的违约使用电费。

（4）擅自使用已在供电企业办理暂停手续的电力设备或启用供电企业封存的电力设备的，应停用违约使用的设备。属于两部制电价的用户，应补交擅自使用或启用封存设备容量和使用月数的基本电费，并承担二倍补交基本电费的违约使用电费；其他用户应承担擅自使用或启用封存设备容量每次每千瓦(千伏安)30元的违约使用电费。启用属于私增容被封存的设备的，违约使用者还应承担本条第2项规定的违约责任。

（5）私自迁移、更动和擅自操作供电企业的用电计量装置、电力负荷管理装置、供电设施以及约定由供电企业调度的用户受电设备者，属于居民用户的，应承担每次500元的违约使用电费；属于其他用户的，应承担每次5000元的违约使用电费。

（6）未经供电企业同意，擅自引入(供出)电源或将备用电源和其他电源私自并网的，除当即拆除接线外，应承担其引入(供出)或并网电源容量每千瓦(千伏安)500元的违约使用电费。

3.《供电营业规则》对窃电是如何规定的?

答：第一百零一条规定，禁止窃电行为。窃电行为包括：①在供电企业的供电设施上，擅自接线用电；②绕越供电企业用电计量装置用电；③伪造或者开启供电企业加封的用电计量装置封印用电；④故意损坏供电企业用电计量装置；⑤故意使供电企业用电计量装置不准或者失效；⑥采用其他方法窃电。

4.《供电营业规则》对电压等级是如何规定的？

答：第六条规定，供电企业供电的额定电压：①低压供电：单相为220伏，三相为380伏；②高压供电：为10、35(63)、110、220kV。

除发电厂直配电压可采用3kV或6kV外，其他等级的电压应逐步过渡到上列额定电压。用户需要的电压等级不在上列范围时，应自行采取变压措施解决。用户需要的电压等级在110kV及以上时，其受电装置应作为终端变电站设计，方案需经省电网经营企业审批。

5.《供电营业规则》对备用、保安电源是如何规定的？

答：第十一条规定，用户需要备用、保安电源时，供电企业应按其负荷重要性、用电容量和供电的可能性，与用户协商确定。

用户重要负荷的保安电源，可由供电企业提供，也可由用户自备。遇有下列情况之一者，保安电源应由用户自备：①在电力系统瓦解或不可抗力造成供电中断时，仍需保证供电的；②用户自备电源比从电力系统供给更为经济合理的。

供电企业向有重要负荷的用户提供的保安电源，应符合独立电源的条件。有重要负荷的用户在取得供电企业供给的保安电源的同时，还应有非电性质的应急措施，以满足安全的需要。

6.《供电营业规则》对用户更名或过户是如何规定的？

答：第二十九条规定，用户更名或过户(依法变更用户名称或居民用户房屋变更户主)，应持有关证明向供电企业提出申请。供电企业应按下列规定办理：①在用电地址、用电容量、用电类别不变条件下，允许办理更名或过户；②原用户应与供电企业结清债务，才能解除原供用电关系；③不申请办理过户手续而私自过户者，新用户应承担原用户所负债务。经供电企业检查发现用户私自过户时，供电企业应通知该户补办手续，必要时可中止供电。

7.《供电营业规则》对用户销户是如何规定的？

答：第三十二条规定，用户销户，须向供电企业提出申请。供电企业应按下列规定办理：①销户必须停止全部用电容量的使用；②用户已向供电企业结清电费；③查验用电计量装置完好性后，拆除接户线和用电计量装置；④用户持供电企业出具的凭证，领还电能表保证金与电费保证金；办完上述事宜，即解除供用电关系。

8.《供电营业规则》对产权分界点是如何规定的？

答：第四十七条规定，供电设施的运行维护管理范围，按产权归属确定。责任分界点按下列各项确定：

（1）公用低压线路供电的，以供电接户线用户端最后支持物为分界点，支持物属供电企业；

（2）10kV及以下公用高压线路供电的，以用户厂界外或配电室前的第一断路器或第一支持物为分界点，第一断路器或第一支持物属供电企业；

（3）35kV及以上公用高压线路供电的，以用户厂界外或用户变电站外第一基电杆为分界点，第一基电杆属供电企业；

（4）采用电缆供电的，本着便于维护管理的原则，分界点由供电企业与用户协商确定；

（5）产权属于用户且由用户运行维护的线路，以公用线路分支杆或专用线路接引的公用变电站外第一基电杆为分界点，专用线路第一基电杆属用户。

在电气上的具体分界点，由供用双方协商确定。

9.《供电营业规则》对用电计量装置安装是如何规定的？

答：第七十四条规定，用电计量装置原则上应装在供电设施的产权分界处。如产权分界处不适宜装表的，对专线供电的高压用户，可在供电变压器出口装表计量；对公用线路供电的高压用户，可在用户受电装置的低压侧计量。当用电计量装置不安装在产权分界处时，线路与变压器损耗的有功与无功电量均须由产权所有者负担。在计算用户基本电费(按最大需量计收时)、电度电费及功率因数调整电费时，应将上述损耗电量计算在内。

10.临时接电费是何时取消的？

答：《国家发展改革委办公厅关于取消临时接电费和明确自备电厂有关收费政策的通知》（发改办价格〔2017〕1895号）规定，自2017年12月1日起，临时用电的电力用户不再缴纳临时接电费。

11.《国家电网公司电力客户档案管理规定》对客户资料归档是如何要求的？

答：第三章第十六条规定，高（低）压用电申请书、客户合法身份证明、产权证明、合同协议、装拆表工作单、变更用电申请书、变更用电经办人身份证明等资料应同步形成电子文档，并与纸质资料同步流转。

第十七条规定，客户纸质资料记录与营销业务应用系统和客户现场信息相一致。

第十八条规定，客户资料归档前，业务办理人员应对资料和数据的完整性、有效性进行检查。检查无误后，将纸质文档扫描上传，并移交档案管理人员归档。

12.《国家电网有限公司电费抄核收管理办法》规定，电力客户首次申请开具增值税专用发票时要关注哪些事项？

答：第九章第六十七条规定，电力客户首次申请开具增值税专用发票时，需提供加盖单位公章的营业执照复印件、统一社会信用代码、银行开户名称、开户银行和账号等资料。资料经审核无误后，从申请当月起给予电力客户开具电费增值税专用发票，当前月份以前的电费发票已开具的不予调换，补开以前月份的增值税专用发票时限不超出国家税务总局相关规定。

13.《国家电网有限公司电费抄核收管理办法》规定，在柜台收费时要关注哪些事项？

答：第五章第四十五条规定，采用柜台收费（坐收）方式时，应核对电力客户户号、户名、地址等信息，告知电力客户电费金额及收费明细，避免错收，收费后应主动向电力客户提供收费票据。

14.《国家发展改革委关于调整销售电价分类结构有关问题的通知》（发改价格〔2017〕973号）对销售电价是如何分类的？

答：现行销售电价逐步归并为居民生活用电、农业生产用电和工商业及其他用电❶价格三个类别。

15.《国家发展改革委关于调整销售电价分类结构有关问题的通知》（发改价格〔2017〕973号）中，属于居民生活用电价格的范围是什么？

答：居民生活用电价格，是指城乡居民家庭住宅，以及机关、部队、学校、企事业单位集体宿舍的生活用电价格。城乡居民住宅小区公用附属设施用电（不包括从事生产、经营活动用电），执行居民生活用电价格。学校教学和学生生活用电、社会福利场所生活用电、宗教场所生活用电、城乡社区居民委员会服务设施用电以及监狱监房生活用电，执行居民生活用电价格。

16.《国家发展改革委关于调整销售电价分类结构有关问题的通知》（发改价格〔2017〕973号）中，属于农业生产用电价格的范围是什么？

答：农业生产用电价格，是指农业、林木培育和种植、畜牧业、渔业生产用电，农业灌溉用电，以及农业服务业中的农产品初加工用电的价格。其他农、林、牧、渔服务业用电和农副食品加工业用电等不执行农业生产用电价格。

---

❶ 工商业及其他用电包括两部制工商业用电和单一制工商业用电。不特殊说明时，本书中提到的一般工商业用户及普通工业、非工业、非居民照明、商业用户均对应单一制工商业用户，其电价对应单一制工商业电价；大工业用户对应两部制工商业用户，其电价对应两部制工商业电价。

17.《国家发展改革委关于调整销售电价分类结构有关问题的通知》（发改价格〔2017〕973号）中，属于工商业及其他用电价格的范围是什么？

答：工商业及其他用电价格，是指除居民生活及农业生产用电以外的用电价格。

18.《国家发展改革委关于调整销售电价分类结构有关问题的通知》（发改价格〔2013〕973号）中，大工业用电范围是什么？

答：大工业用电，是指受电变压器（含不通过受电变压器的高压电动机）容量在315kV安及以上的下列用电：①以电为原动力，或以电冶炼、烘焙、熔焊、电解、电化、电热的工业生产用电；②铁路(包括地下铁路、城铁)、航运、电车及石油（天然气、热力）加压站生产用电；③自来水、工业实验、电子计算中心、垃圾处理、污水处理生产用电。

19.《国家发展改革委关于调整销售电价分类结构有关问题的通知》（发改价格〔2013〕973号）中，农副食品加工业用电范围是什么？

答：农副食品加工业用电，是指直接以农、林、牧、渔产品为原料进行的谷物磨制、饲料加工、植物油和制糖加工、屠宰及肉类加工、水产品加工，以及蔬菜、水果、坚果等食品的加工用电。

20.《国家发展改革委办公厅关于完善两部制电价用户基本电价执行方式的通知》（发改办价格〔2016〕1583号）对放宽基本电价计费方式变更周期限制是如何规定的？

答：（1）基本电价按变压器容量或按最大需量计费，由用户选择。基本电价计费方式变更周期从现行按年调整为按季变更，电力用户可提前15个工作日向电网企业申请变更下一季度的基本电价计费方式。

（2)电力用户选择按最大需量方式计收基本电费的，应与电网企业签订合同，并按合同最大需量计收基本电费。合同最大需量核定值变更周期从现行按半年调整为按月变更，电力用户可提前5个工作日向电网企业申请变更下一个月（抄表周期）的合同最大需量核定值。

21.《国家发展改革委办公厅关于完善两部制电价用户基本电价执行方式的通知》（发改办价格〔2016〕1583号）对放宽减容（暂停）期限限制是如何规定的？

答：（1）电力用户（含新装、增容用户）可根据用电需求变化情况，提前5个工作日向电网企业申请减容、暂停、减容恢复、暂停恢复用电，暂停用电必须是整台或整组变压器停止运行，减容必须是整台或整组变压器的停止或更换小容量变压器用电。电力用户减容两年内恢复的，按减容恢复办理；超过两年的按新装或增容手续办理。

（2）电力用户申请暂停时间每次应不少于15日，每一日历年内累计不超过6个月，超过6个月的可由用户申请办理减容。减容期限不受时间限制。

（3）减容（暂停）后容量达不到实施两部制电价规定容量标准的，应改为相应用电类别单一制电价计费，并执行相应的分类电价标准。减容（暂停）后执行最大需量计量方式的，合同最大需量按照减容（暂停）后总容量申报。

（4）减容（暂停）设备自设备加封之日起，减容（暂停）部分免收基本电费。

22.《电力供应与使用条例》规定，供用电合同应具备哪些条款？

答：第六章第三十三条规定，供用电合同应当具备以下条款：①供电方式、供电质量和供电时间；②用电容量和用电地址、用电性质；③计量方式和电价、电费结算方式；④供用电设施维护责任的划分；⑤合同的有效期限；⑥违约责任；⑦双方共同认为应当约定的其他条款。

23.《供电营业规则》中，用电计量装置包括哪些设备？

答：第七十二条规定，用电计量装置包括计费电能表(有功、无功电能表及最大需量表)和电压、电流互感器及二次连接线导线。

24.《供电营业规则》中，用电计量装置的安装位置是如何规定的？

答：第七十四条规定，用电计量装置原则上应装在供电设施的产权分界处。

如产权分界处不适宜装表的，对专线供电的高压用户，可在供电变压器出口装表计量；对公用线路供电的高压用户，可在用户受电装置的低压侧计量。当用电计量装置不安装在产权分界处时，线路与变压器损耗的有功电量与无功电量均须由产权所有者负担。在计算用户基本电费(按最大需量计收时)、电度电费及功率因数调整电费时，应将上述损耗电量计算在内。

25.《供电营业规则》中，对供用电合同的签订有哪些要求？

答：第九十二条规定，供电企业和用户应当在正式供电前，根据用户用电需求和供电企业的供电能力以及办理用电申请时双方已认可或协商一致的下列文件，签订供用电合同：①用户的用电申请报告或用电申请书；②新建项目立项前双方签订的供电意向性协议；③供电企业批复的供电方案；④用户受电装置施工竣工检验报告；⑤用电计量装置安装完工报告；⑥供电设施运行维护管理协议；⑦其他双方事先约定的有关文件。对用电量大的用户或供电有特殊要求的用户，在签订供用电合同时，可单独签订电费结算协议和电力调度协议等。

（二）规章制度类

1.数据质量责任是如何划分的？

答：数据质量责任按照数据生成、数据审核、数据使用、技术支持等方面进行划分，责任类型分为主要责任、次要责任和监督责任。原则上谁生成谁负责，谁审核谁负责，谁运维谁负责，谁使用谁监督。

2.普查工作的方式有哪几种？主要内容是什么？

答：普查工作通过线上、线下两种方式进行，主要普查公司经营区内全量高压用户、低压非居民用户(含执行居民电价的非居民用户)、分布式电源用户、电厂企业用户、自备电厂用户。线上方式主要普查居民用户基础档案信息；线下方式主要为现场普查，重点抽查大电量、户变关系异常、城乡接合部、煤改电等居民用户。

3.营销普查的六种典型经验做法是什么?

答:营销普查的六种典型经验做法,包括普查闭环管控法、外部数据应用法、字段耦合校验法、六层漏斗过滤法、安全检查结合法和政企协同联动法。

4.如何开展高压用户现场普查工作?

答:高压用户现场普查时应坚持先线上、后线下,重点依托现场普查,聚焦典型问题,通过在线异常问题稽核、普查工具现场核查、第三方信息交互辅助核查等多方结合,有序推进普查工作。

5.高压用户现场普查的重点内容包括什么?

答:高压用户现场普查总量较少,但普查分项内容较多,数据质量和客户侧安全要求高,要聚焦本单位典型问题和高发频发问题,坚持分类施策,有所侧重,抓好基础档案和现场问题治理,针对性开展普查。高压用户现场普查重点内容包括基础信息、现场信息、典型异常、信息调研、标签采录和价格服务等六个方面。

6.高压用户线上普查过程中应重点核对哪些基础信息?

答:高压用户线上普查过程中应重点核对用电户名、用电地址、证件信息、联系方式、合同与运行容量、行业分类、用电类别、负荷分类、重要性等级等基础信息。

7.高压用户现场普查过程中应重点核对哪些现场信息?

答:高压用户现场普查过程中应重点核对检查站房环境、供电电源(电源性质、运行方式、产权分界点)、受电设备(铭牌容量、主备性质、运行状态)、计量装置(计量方式、电能表选型与配置、互感器选型与变比)、电价执行、营配贯通信息等现场信息。

8.重要高压用户现场普查过程中还需要核查哪些内容?

答：针对重要高压用户，还需结合重要用户检查周期，重点检查重要用户双（多）电源与自备应急电源配置、保安电源和非电性质保安措施等安全用电信息，同步排查用户侧规章制度、站房环境、电工作业许可、安全工器具、消防器具等重要用户管理内容。

9.大工业高压用户现场普查过程中需针对性核查哪些内容?

答：执行大工业电价的高压用户在现场普查过程中需针对性核查基本电费定价策略、基本电费计费方式、功率因数执行标准和峰谷分时标记，对在暂停、减容期间的大工业用户还应重点核查变压器运行状态和电价执行情况。

10.现场普查过程中应现场核查哪些内容?

答：现场普查过程中现场核查应聚焦"现场、系统、档案"的一致性，结合在线数据稽核与数据治理成果，逐项核对用户基础信息、供电电源信息、设备信息、计量信息、营配拓扑关系等档案内容，补充完善缺失数据，报办整改异常问题。

11.现场普查过程中应现场检查哪些内容?

答：现场普查过程中现场检查以问题为导向，结合线上普查结果和档案核对情况，对照现场典型异常清单，对计量错接线、违约窃电、用电安全隐患等现场问题细致摸排，逐项销号，准确反映现场真实情况。现场搜集和取证必要资料，做好异常登记、消缺、报办和整改。

12.现场普查过程中还需注意哪些事项?

答：现场普查时，要注意：聚焦信息收集，调研电能替代、综合能源服务意向，用户能源消费信息，用户可调节负荷资源潜力信息，分布式电源、自备电厂、充换电设施、电厂企业扩充数据信息。聚焦价值服务，开展"网上国网"App宣传推广，已普查用户同步完成注册绑定。开展用电安全指导，宣传公司惠企利民、降价清费政策，协助解决用电难题，全面提升服务满意度。

13.普查问题整改时，现场问题应如何整改？

答：现场问题整改举措包括：对基础档案及影响企业经营效益的问题，通过移动作业应用在现场发起报办流程，实现立查立改；对无法现场整改或设备缺陷类问题，现场搜集或取证必要资料，通过移动作业应用做好记录，事后补发流程；对无须通过移动作业应用的问题，现场直接消缺整改；对需重新签订供用电合同的用户，经供用电双方协商一致后完成合同签订（不得因普查工作需要强制用户重复往返供电营业厅）；涉及计量计费等重要参数信息时，需请用户签字确认；对用电安全隐患，下达整改通知书并执行用户签收，其中高危及重要用户安全隐患需行文上报地方安全和能源监管部门；对发现的违约窃电行为，严格按照相关流程与规定处理。现场核查人作为第一责任人，做好整改问题跟踪。

14.普查问题整改时，线上问题应如何整改？

答：线上问题整改举措包括：对线上核查基础档案问题，在线更新或推介用户通过"网上国网"自助补全修改；对无法在线更新或需核实确认的问题，通过工单派发基层现场核实整改；对内核内检问题，筛选问题清单，建立台账全面清查，逐项销号，做到内清外查；对在线普查整体性、批量性、突出性重大问题，各省公司要组织专项行动集中治理；对因规范、制度、流程不满足基层单位执行的问题，应强化顶层设计，制定适应性标准规范。

15.如何开展低压非居民用户现场普查工作？

答：低压非居民用户现场普查量大面广，要重点聚焦基础档案和计量装置管理，结合线损管理、营配贯通、计量设备主人制等日常工作，坚持城乡分类施策，做好基础信息、现场信息、典型异常、信息调研、标签采录和价格服务等六项重点内容的普查。

16. 低压批量非居民用户现场普查还需关注哪些内容?

答：针对低压批量非居民用户，可结合实际情况，简化基站、交通信号灯、监控、市政岗亭等现场普查要求，统一开展数据搜集，批量开展档案补填，提高现场效率。对单相小功率公用设施，需重点排查定量值或自报电量与实际用电负荷不相符、不匹配问题。

17. 如何开展居民用户现场普查工作?

答：居民用户数据量大、治理难度高，现场普查应聚焦提高服务质效、降低服务成本、推动停电信息推送、故障主动抢修等服务全面落地，做好基础档案核查治理。居民用户现场普查过程中应重点关注：用电户名、用电地址、证件信息和联系方式四类基础档案字段；居民大电量、户变关系错误等典型异常；空巢老人、煤改电、电采暖等标签信息采录。现场普查应同步做好用电安全指导、电价政策解读和"网上国网"App宣传推广。

18. 居民用户营销普查主要有哪些方式?

答：居民用户营销普查坚持线上方式为主，现场抽查异常，抓实基础档案核查治理，主要通过"网上国网"App自助核查、95598电话核查、典型异常现场普查、第三方信息交互辅助核查、标签信息共建共享等方式，有序推进普查工作。

19. 分布式电源用户现场普查的重点内容是什么?

答：分布式电源用户应重点普查用电户名、用电地址、证件信息、联系方式、并网电压、发电容量、发电消纳方式、发电设备、发电计量装置、补贴电价等基础信息；发电关口错接线、私增发电容量、分布式电源建户合规性等现场典型异常；并于现场开展国家、省、市、县各级光伏扶贫标签信息核对。

20. 分布式电源用户现场普查的主要方式是什么?

答：（1）对营销业务应用系统关联高低压正常用电用户的分布式电源用户，

可结合高低压用户现场普查，现场通过表码扫描、户号输入等方式，生成分布式电源临时普查任务，一次性完成现场普查。

（2）对营销业务应用系统未关联高低压正常用电用户的全量上网分布式电源用户，可结合巡视检查、周期核抄、市场拓展等日常重点工作，科学编制现场普查计划，有序推进现场普查。

21.如何开展自备电厂用户现场普查工作？

答：自备电厂用户要结合高压用户现场普查，通过表码扫描、户号输入等方式，生成自备电厂临时普查任务，一次性完成现场普查。现场普查时重点普查用电户名、用电地址、证件信息、联系方式、合同容量、电厂发电类型、转公用或关停意向、发电方式、发电设备信息、发电计量点信息，以及合同约定容量与现场装机容量不一致、欠缴政府性基金及附加费等违规行为。

22.如何建立数据质量认责成果变更机制？

答：对数据质量认责成果变更进行规范化管理，当出现组织机构变更、岗位职责变更、外部接入数据需求方变更等情况时，应及时变更数据责任清单，增量数据按更新后的数据责任清单进行责任划分，落实管理责任。

（1）岗位、职责发生变更后，已经固化的数据，原岗位人员承担的数据责任不变，如抄表、核算数据等历史固化数据。

（2）岗位、职责发生变更后，按业务要求交接工作后，需要再次确认的数据，在完成数据确认后由接替人员对数据质量负责。如台区经理更换，根据业务管理要求完成首次巡检后，由新台区经理对其责任区域内的客户档案负责。

（3）岗位、职责发生变更后，由于数据造成的影响为延续性的，原岗位人员和当前岗位人员共同承担相应责任。

23.各单位应如何开展数据认责成果评价？

答：各省（市）公司应建立数据认责成效总结及评价机制，常态收集总结认责应用成效，制定数据认责评价指标模型，开展成果评价。

（1）对于数据认责工作成果的评价包括但不限于数据认责工作的完成度、认责数据覆盖范围程度、数据责任清单清晰度、成果发布规范性和及时性等方面。

（2）对于数据认责成效的评价包括但不限于数据完整性、准确性、可用性、整改效率等方面的提升情况。

（3）各省（市）公司应结合自身情况制定数据认责激励、处罚机制，对于产生不良后果的数据质量问题应进行追责。

24.营销专业用电地址信息包括哪些内容？

答：营销专业用电地址信息包括行政区划和详细信息两部分。其中，行政区划包括省(直辖市/自治区)、市、区/县、街道/乡镇、居委会/村等五级，详细信息包括道路、小区、门牌、地标、经纬度信息等。

（三）流程规则类

1.什么是销户余额？

答：电力用户已在供电企业办理销户，但预收电费余额未及时清退，仍存在营销账户中，即存在销户余额。

2.销户余额在营销界面应如何清理？

答：通过书面告知书、电话告知、媒体公告等方式履行告知程序。根据用户提供的相关资料完成结余电费退费。对已销户但用户明确表示放弃结余电费债权的，在履行完告知程序且用户签订"结余电费放弃申领说明书"后，可申请结余电费转销。对已销户但无法联系到用户的，在公告送达满3年后，可申请结余电费转销。对于已销户用户未明确表示放弃结余电费债权，但又不配合提供相关资料的，销户3年及以上，且无法通过预留在营销系统中的联系方式联系到用户的，可通过登报、公告等线上线下渠道进行告知，对公告满30天后仍未办理销户余额退费的，在保留佐证材料后，可申请结余电费转销；销户3

年以内，通过电话、微信或登报、公告等线上线下渠道告知，对公告满30天后仍未办理销户余额退费的，在保留佐证材料后，可申请结余电费转销。

3. 高可靠性费用收取不规范的表现形式主要有哪些？

答：高可靠性费用收取不规范的表现形式主要有：新增多电源用户未收取高可靠性费用和未按标准收取高可靠性费用。

4. 高可靠性费用应如何收取？

答：依据国家和政府有关规定，在现场核实用户实际用电情况（电压等级、用电容量、电源数量）后，应严格按高可靠性费用标准收取。

5. 什么是临时用电超期？

答：临时用电超期是指用户超临时用电合同约定期限用电，未根据实际用电情况及时续签合同或办理其他相关用电业务。

6. 临时用电超期未处理的表现形式有哪几种？

答：临时用电超期未处理的表现形式主要有临时用电超期未续签合同、临时用电超期合同签订错误、临时用电超期未及时销户和现场已非临时用电等。

7. 如何防止临时用电超期？

答：为防止临时用电超期，要加强业务人员培训，掌握临时用电相关政策，杜绝审核不细致等人为错误；强化临时用电管理，建立临时用户台账，及时进行续签和档案更新；定期开展现场检查，对用户实际用电情况与系统进行比对，发现问题及时治理。

8. 漏收基本电费的表现形式有哪几种？

答：漏收基本电费的表现形式主要有：新装（增容）大工业用户现场送电时间早于系统送电时间；工业用户存在一址多户且用电设备容量累计超过

315kVA；大工业用户申请减容（暂停），系统停用时间早于现场停用时间；大工业用户申请减容（暂停）恢复，现场启用时间早于系统启用时间；工业用户私增变压器，累计容量达到或超过315kVA；工业用户私换变压器，累计容量达到或超过315kVA；大工业用户私自启用暂停、减容的配电变压器；用户私自变更用电性质。

9. 如何预防漏收基本电费？

答：为预防漏收基本电费，要强化业务人员培训，熟练掌握暂停、减容业务规范，深入学习《国家电网有限公司业扩报装管理规则》等相关规定；加强用电信息采集系统数据应用，比对是否存在现场变压器启停时间与营销业务系统不一致；加强档案治理，运用大数据手段，对全量"执行两部制电价，基本电费为'不计收'"的工业用户进行排查治理；定期开展用电检查，现场核实用户是否存在私增、私换、私启及一址多户情况。

10. 数字化供电所的建设原则是什么？

答：数字化供电所的建设原则为：坚持顶层设计与因地制宜、坚持试点示范与分步推广、坚持资源利旧与架构统一、坚持统筹兼顾与实用实效。

11. 数字化供电所建设中，"一账号"指什么？

答："一账号"是指每位员工都拥有的可登录各个专业系统处理各项工作所需的唯一账号。

12. 什么是超容用电？

答：超容用电是指用电客户私自超过合同约定容量用电的行为。

13. 超容用电的表现形式有哪几种？

答：超容用电的表现形式主要有电量超容和需量超容。

14.如何预防超容用电？

答：在用户报装时，核查提供的用电设备信息是否准确；定期开展用电检查，了解用户新加用电设备的容量；运用用电信息采集系统，以日为周期，监测用户负荷情况，对实际运行容量在约定容量90%~105%的用户，利用"网上国网"App、微信公众号等渠道向用户开展预警，提醒用户通过办理增容、调整生产班次、降低设备同时率等方式控制负荷；对实际运行容量超过约定容量105%（即超容比例大于5%）的用户，在营销业务应用系统客户档案的"运行容量"中信息做好超容标识，提醒在月度抄表结算、电费发行时，同步发起违约用电现场检查流程，现场核实确有违约用电行为的，按规定完成超容违约办电行为处理。

15.数字化供电所建设中，"一平台"指什么？

答："一平台"是指员工可通过登录一个全业务平台跳转至其工作所需的各个专业系统并开展相关工作，无须二次登录。

16.数字化供电所建设中，"一工单"指什么？

答："一工单"是指一个汇集了各业务系统常用工单的工单池，该工单池可实现各系统工单统一预警、一屏通览，支持直接跳转至原有系统进行工单处理，支撑绩效线上评价。

17.数字化供电所建设中，"一终端"指什么？

答："一终端"是指外勤人员现场作业只需携带一个融合各专业现场作业应用的手持装备，最终目标是只保留个人手机作为移动作业终端进行现场作业。

18.数字化供电所建设中，"一工具"指什么？

答："一工具"是指一套可减少重复操作的流程机器人工具，旨在赋能基层员工减负提效。

19.数字化供电所建设中，管理看板应包括哪些内容？

答：依托数字化供电所全业务平台，建设相关管理看板，包括指标看板、工单看板、服务看板、绩效看板、资产看板和所务看板，为供电所管理决策提供各项数据支撑。

20.数字化供电所建设中，所务看板应包括哪些内容？

答：所务看板包含供电所信息、所务公开、车辆管理和党建风采四个模块，辅助管理者高效开展供电所日常管理工作。

21.数字化供电所建设中，指标看板应如何建设？

答：指标看板的构建应汇集营销业务应用系统、用电信息采集系统、供电服务指挥系统、PMS等专业系统指标，包含营销业务、供电服务、配网运行和综合业务四个模块，实现指标"数据同源、统一计算、分级汇总、逐级展示"，旨在为供电所日常管理提供决策支撑。

22.数字化供电所建设中，工单看板应如何建设？

答：工单看板的构建应汇集营销、设备、安监、物资、人资等各专业系统实时工单数据，依托数字化供电所全业务平台，通过待签收工单、已签收工单和已完成工单三个类别展示工单状态，并设工单概况、工单调度分析和工单趋势分析三个模块。

23.数字化供电所建设中，服务看板应如何建设？

答：服务看板的构建应基于工单池汇聚的95598、供电服务系统等全量服务工单，复用标签建设成果及营销稽查数据，包含服务工单展示、重点客户展示和预警提醒三个模块，旨在辅助分析客户潜在需求、发现客户用电诉求、做好服务事件处理、提高精准度和时效性。

24.数字化供电所建设中，绩效看板应如何建设？

答：绩效看板的构建应基于绩效助手的量化打分结果，展示供电所员工的绩效得分，包含绩效排名、考勤情况和工作提醒三个模块，旨在直观展现工作业绩、自动提醒员工工作不足之处。

25.数字化供电所建设中，资产看板应如何建设？

答：已建设数字库房的供电所，其资产看板的构建应汇聚计量、备品备件、安全工器具等各项资产信息，包括计量设备、备品备件、安全工器具和资产预警提醒四个模块；未建设数字库房的供电所，其资产看板的构建应贯通营销计量资产数据，实现计量设备的展示与资产预警提醒，为资产管理与业务开展提供实时数据支撑。

26.居住区的建档范围是什么？

答：参照 GB 50180—2018《城市居住区规划设计标准》和《国网营销部关于做好营销普查"六法"推广和开展居住区建档普查工作的通知》（营销营业〔2021〕37号），居住区由若干个居住小区组成，公司经营区范围内各类高压10kV及以上公用变压器、专用变压器供电的居住小区，包括供配电设施已接收和未接收、供电公司运维和非供电公司运维的居住小区。

27.居住小区内高层住宅的建筑类别如何划分？

答：高层住宅建筑是指建筑高度大于27m或建筑层数大于10层（含）的住宅建筑。参照 GB 50352—2019《民用建筑设计统一标准》和 GB 50016—2014《建筑设计防火规范》，将居住小区内高层住宅建筑划分为二类高层住宅、一类高层住宅和超高层住宅。

按建筑高度划分：二类高层住宅高度应大于27m但不大于54m；一类高层住宅高度应大于54m但不大于100m；超高层住宅高度应大于100m。

按建筑层数划分：二类高层住宅层数应大于10层但不大于18层（含）；一

类高层住宅层数应大于18层但不大于34层（含）；超高层住宅层数应大于34层。

28.居住小区的联系人主要包括哪几类？

答：居住小区的联系人主要包括小区物业联系人、社区网格员、供电客户经理。

29.居住小区典型应用场景包括哪几个？

答：居住小区典型应用场景包括档案信息一键查询、停电信息一键通知、故障抢修一键联动、电气接线一键阅览、站房设备一键定位和应急保电一键响应。

30.简述居住小区典型应用场景的主要内容。

答：档案信息一键查询：基于居住小区档案信息，在营销业务系统中对居住小区档案信息实现精准、模糊和组合查询。

停电信息一键通知：基于居住小区档案信息，在营销业务系统中对计划停电、故障停电等工作的应急范围进行查询、研判，实现计划停电、故障停电、应急保电等服务信息的快速精准通知。

故障抢修一键联动：基于居住小区档案信息，在发生故障停电时，通过服务信息推送，实现社区网格员、供电客户经理、居住小区物业人员和参与应急抢修及应急发电人员的抢修服务联动。

电气接线一键阅览：基于居住小区档案信息，在发生故障停电时，抢修人员可通过营销业务系统、生产业务系统或移动作业终端，快速阅览停电范围内居住小区的电源、线路、配电站、应急移动电源停靠位置和接入点等信息。

站房设备一键定位：基于居住小区档案信息，在发生故障停电时，抢修人员可通过营销业务系统、生产业务系统或移动作业终端，实现居住小区地址、站房位置、发电车接入点精准定位。

应急保电一键响应：基于居住小区档案信息，在发生故障停电时，抢修人员收到抢修信息，通过营销业务系统、生产业务系统或移动作业终端精确定位后，快速生成应急移动电源车的停靠和接入方案。

31. 对电能表状态进行检查时，应重点检查哪些内容？

答：外观检查：表箱有无人为破坏、电能表显示是否黑屏、有无报警、封印有无拆封痕迹、表前是否存在跨越供电，中性线、相线是否接反。

接线检测：系统发现有开盖记录、零度户等异常电能表，应用万用表、钳形电流测量所获得的电压、电流数据，与电能表显示电压数值、电流数值、电压电流相位角及功率因数是否一致。

中性线检测：排查是否存在一相线一中性线用电情况。排查单相电能表、三相电能表同时入户的用户，是否存在其户内将两块电能表的中性线、相线串用，造成电能表不计或少计。

其他信息核对：核对电能表表号、地址、现场示值是否与系统一致。

32. 电能计量装置哪些部位应加封？

答：电能计量装置中电能表两侧表耳、电能表尾盖板、试验接线盒盖板、电能表箱（柜）门锁、互感器二次接线端子和互感器柜门锁应加封。

33. 负荷管理终端定期巡视检查的主要内容是什么？

答：（1）终端运行状态、按键显示是否正常。

（2）显示数据与现场核对，包括功率、电能表读数、开关状态等。

（3）与主台通信、通话是否正常。

（4）终端封印是否完好。

（5）电缆接线有无松动、异常。

（6）天线有无歪斜，馈线有无垂挂，接头是否松动。

（7）设备除尘，做好清洁工作是否做好。

34. 重要电力用户应如何规范配置自备应急电源？

答：重要电力用户均应配置自备应急电源，配置规范为：

（1）电源容量至少应满足全部保安负荷正常启动和带载运行的需求；

（2）自备应急电源的配置应依据保安负荷的允许断电时间、容量、停电影响等负荷特性，合理选取自备应急电源；

（3）重要电力用户应具备外部应急电源接入条件，有特殊供电需求或临时重要电力用户应配置外部应急电源接入装置；

（4）自备应急电源应配置闭锁装置，防止向电网反送电。

35.哪些情形需经批准中止供电？

答：在发供电系统正常情况下，供电企业应连续向用户供应电力。但是，有下列情形之一的，须经批准方可中止供电：

（1）危害供用电安全，扰乱供用电秩序，拒绝检查者。

（2）拖欠电费经通知催交仍不交者。

（3）受电装置经检验不合格，在指定期间未改善者。

（4）用户注入电网的谐波电流超过标准，以及冲击负荷、非对称负荷等对电能质量产生干扰与妨碍，在规定限期内不采取措施者。

（5）拒不在限期内拆除私增用电容量者。

（6）拒不在限期内交付违约用电引起的费用者。

（7）违反安全用电、计划用电有关规定，拒不改正者。

（8）私自向外转供电力者。

36.哪些情形下，不经批准即可中止供电？

答：有下列情形之一的，不经批准即可中止供电，但事后应报告本单位负责人：①不可抗力和紧急避险；②确有窃电行为。

37.发现私自启用已办理暂停手续使用的电力设备该如何处理？

答：擅自使用已在供电企业办理暂停手续的电力设备或启用供电企业封存的电力设备的，应停用违约使用的设备。属于两部制电价的用户，应补交擅自使用或启用封存设备容量和使用月数的基本电费，并承担二倍基本电费的违约使用电费；其他用户应承担擅自使用或启用封存设备容量每次每千瓦（千伏安）30元的违约使用电费。

38.重要电力用户的供电电源应满足什么要求？

答：（1）特级重要电力用户应采用多电源供电，一级重要电力用户应采用双电源供电，二级重要电力用户至少应采用双回路供电。

（2）临时性重要电力用户按照用电负荷的重要性，在条件允许情况下，可以通过临时敷设线路等方式满足双回路或两路以上电源供电条件。

（3）重要电力用户供电电源的切换时间和切换方式应满足其保安负荷允许断电时间的要求。

39.学校电价适用范围是什么？

答：《国家发展改革委关于调整销售电价分类结构有关问题的通知》（发改价格〔2013〕973号）在销售电价分类适用范围中明确，执行居民用电价格的学校，是指经国家有关部门批准，由政府及其有关部门、社会组织和公民个人举办的公办、民办学校。它包括普通高等学校（包括大学、独立设置的学院和高等专科学校），普通高中、成人高中和中等职业学校（包括普通中专、成人中专、职业高中、技工学校），普通初中、职业初中、成人初中，普通小学、成人小学，幼儿园(托儿所)，特殊教育学校(对残障儿童、少年实施义务教育的机构)；不含各类经营性培训机构，如驾校、烹饪、美容美发、语言、电脑培训等。

40.功率因数的标准值有哪些？其适用范围分别是什么？

答：（1）功率因数标准0.90，适用于160kVA以上的高压供电工业用户（包括社队工业用户）、装有带负荷调整电压装置的高压供电电力用户和3200kVA及以上的高压供电电力排灌站。

（2）功率因数标准0.85，适用于100kVA（kW）及以上的其他工业用户（包括社队工业用户），100kVA（kW）及以上的非工业用户及商业用户，100kVA（kW）及以上的电力排灌站。

（3）功率因数标准0.80，适用于100kVA（kW）及以上的农业用户。

41. 执行1.5倍代理购电价格的用户有哪些？

答：《国家发展改革委办公厅关于组织开展电网企业代理购电工作有关事项的通知》（发改办价格〔2021〕809号）文件规定，在2022年12月31日前，以下三类代理购电用户，其代理购电价格按其他用户代理购电价格的1.5倍执行：

（1）已直接参与市场交易（不含已在电力交易平台注册但未参与电力市场交易，仍按原目录销售电价执行的用户）在无正当理由情况下改由供电公司代理购电的用户；

（2）拥有燃煤发电自备电厂的用户；

（3）高耗能用户。

42. 计量装置检定的付费原则是什么？

答：（1）供电公司不收取计量装置检定费，如电能表费，其计量装置包括互感器、电能表。

（2）用户自行委托有关机构进行检定的，检定费用由用户承担，但是检定确有问题的，检定费用由供电公司承担。

43. 什么是临时用电？办理临时用电有哪些规定？

答：对基建工地、农田水利、市政建设、抢险救灾等非永久性用电，由供电企业供给临时电源的称为临时用电。

办理临时用电的规定如下：

（1）临时用电期限：由用户按2年及以内、3年两个档次自行选择与公司约定。临时用电不满3年的，可延期一次，但延期后总期限不得超过3年。临时用电时间累计超过3年的，必须办理销户手续，用户仍有临时用电需求的，应按新装办理。低压临时用电原则上约定用电期限不超过1年。用户因特殊原因确需延长临时用电期限的，应在到期前1个月办理延期手续。

（2）使用临时电源的用户不得向外转供电，也不得转让给其他用户，供电企业也不受理其变更用电事宜,如需改为正式用电,应按新装用电办理。

(3)自2017年12月1日起,对新申请临时用电的用户不再收取临时接电费。

44.超容的处理标准是什么?

答:私自超过合同约定容量用电的,除应拆除私增容设备外,属于两部制电价的用户,应补交私增设备容量使用月数的基本电费,并承担三倍私增容量基本电费的违约使用电费;其他用户应承担私增容量每千瓦(千伏安)50元的违约使用电费。如用户要求继续使用者,应按新装增容办理手续。

45.现场应如何开展窃电排查?

答:(1)核实业务系统中用户电能表表号、制造厂家、电流值、电压值及倍率等信息与现场电能表的信息是否相符。

(2)检查表箱、联合接线盒等计量装置及电能表的外观、封印是否完好、正确,若表计封印有伪造的可能,应鉴定封印的真伪,并使用测试设备对电能表进行现场检定。

(3)查看电能表脉冲指示灯闪烁情况。

(4)对于单相电能表,可用钳形电流表检查相线、中性线电流是否一致及电流值是否正常。

46.防范电价变更执行不规范的措施有哪些?

答:(1)工作人员应事先熟悉用户基本情况,查勘中核实用户申报资料与现场一致性,了解实际的用电类别、所属行业,确定应执行的电价、功率因数考核标准等信息。

(2)工作人员应核实客户执行定量、定比,线损、变损必要性,按现场情况核实计算参数,履行审批手续,并定期复核。

47.如何核实有序用电方案中的优先保障用户?

答:优先保障用户包括以下六大类用电需求:

（1）应急指挥和处置部门，主要党政军机关，广播、电视、电信、交通、监狱等关系国家安全和社会秩序的用户。

（2）危险化学品生产、矿井等停电将导致重大人身伤害或设备严重损坏企业的保安负荷。

（3）重大社会活动场所、医院、金融机构、学校等关系群众生命财产安全的用户。

（4）供水、供热、供能等基础设施用户。

（5）居民生活用电和农业排灌、化肥生产等生产用电。

（6）国家重点工程、军工企业。

48. 如何核实有序用电方案中的重点限制用户？

答：重点限制用户包括以下五大类用电需求：

（1）违规建成或在建项目。

（2）产业结构调整目录中淘汰类、限制类企业。

（3）单位产品能耗高于国家或地方强制性能耗限额标准的企业。

（4）景观照明、亮化工程。

（5）其他高耗能、高排放企业。

49. 一般工商业用户是否可以执行两部制电价？

答：2018年4月1日起，受电变压器容量（含不通过变压器接用的高压电动机容量）在315kVA（kW）及以上的一般工商业及其他用户，可选择执行大工业两部制峰谷分时电价，也可选择继续执行原有的一般工商业及其他电价，选定后在3个月之内应保持不变。选择执行两部制峰谷分时电价的商业用户，功率因数考核标准维持不变。

50. 如何防范"一址多户"？

答：（1）现场勘察时，工作人员需确认用户红线范围内是否已有其他高、低压电源点，以及相邻用户之间是否有明显的物理隔断。

（2）新建用户档案时，用户地址应按营销系统要求，逐级填写精确到门牌号，避免出现不同用户使用同样的模糊地址，导致营销系统内"一址多户"的情况。

二、数据质量问答

（一）通用管理

1.根据《国家电网公司营销专业客户敏感信息脱敏规范》，信息脱敏的原则有哪些？

答：（1）最小化原则：只保留业务需要的最少敏感信息。

（2）最大化原则：尽可能多地对敏感信息进行脱敏。

（3）源端化原则：在敏感信息服务器源端进行脱敏。

2.根据《国家电网公司营销专业客户敏感信息脱敏规范》，客户敏感信息可分为哪几类？

答：对客户敏感信息进行梳理，归纳形成名称、地址、联系信息、证件、资产、金融六大类，客户编号、增值税注册地址、联系电话、居民身份证号、车牌号、银行卡号等23个敏感信息子项，明确脱敏对象。

3.基于《国家电网有限公司营销数据质量认责要求》（营销综〔2022〕51号），数据质量主要责任如何认定？

答：数据生成人承担数据质量的主要责任。数据审核人应在审核环节及时发现数据质量问题，经过审核的数据由审核人承担次要责任。数据使用者承担数据质量的监督责任。因系统运行故障、硬件故障、网络通信问题等技术原因造成的数据不一致、数据丢失等质量问题，由运维人员承担主要责任。

4.基于《国家电网有限公司营销数据质量认责要求》(营销综〔2022〕51号),数据质量认责管理工作主要包含哪些内容?

答:数据质量认责管理工作主要包含梳理数据清单、确定数据分级分类、追溯数据源头、构建责任清单、建立争议处理措施、建立认责变更机制、建立评审发布机制等。

5.如何建立数据认责成果变更机制?

答:对数据认责成果变更进行规范管理,当出现组织机构变更、岗位职责变更、外部接入数据需求方变更等情况时,应及时变更数据责任清单,征集数据按更新后的数据责任清单进行责任划分,落实管理责任。

(1)岗位、职责发生变更后,已经固化的数据,原岗位人员承担的数据责任不变,如抄表、核算数据等历史固化数据。

(2)岗位、职责发生变更后,按业务要求进行工作交接,之后需再次确认数据,数据确认后由接替人员对数据质量负责,如台区经理变更,根据业务管理要求新台区经理完成首次巡检后,对其责任区域内的客户档案负责。

(3)岗位、职责发生变更后,由于数据造成的影响为延续性的,原岗位人员和当前岗位人员共同承担相应责任。

6.如何进行数据整改流程时长管理?

答:(1)当关键数据出现质量问题或因数据质量问题引发客户意见、投诉等情况,对专业管理造成重要影响的,应立即整改,整改时长缩短至一个工作日内。如客户投诉因手机号码错误导致错发短信,因银行账号错误导致客户错误扣款等问题。

(2)因数据被业务流程锁定无法更改,且不会在锁定期间发生影响客户正常生活、用电及计费的情况,应等到流程完结或数据解锁后,再开展数据治理。治理时限为在途业务流程办结后七个工作日内。如高压业扩流程锁定的用户合同容量、运行容量,营配贯通流程锁定变压器属性信息等。

（3）批量数据治理，即发现数据治理问题非个别数据问题，可延伸扩展至大量同类数据或关联数据的治理，需要运维人员支持处理或通过前台多人次重复操作治理的情况。原则上批量数据治理的时长应控制在七个工作日内，遇如下特殊情形可顺延治理时长至外部因素解除后七个工作日内。如因政府行政地域变更导致大规模地址数据治理，因单位组织机构调整导致大规模部门、班组、人员、岗位及流程的数据调整，因供应商申报数据有误导致大量设备参数修改等情况。

（4）数据治理计划任务，按照计划要求时间完成治理。

（5）其他特殊情况，可结合具体业务场景明确治理时长。

7. 根据《国家电网公司营销专业客户敏感信息脱敏规范》，营销专业客户包括哪些敏感信息？

答：营销专业客户的敏感信息包括客户编号、联系人地址、联系电话、银行卡号。

8. 营销客户敏感信息在页面显示、导出等情况下容易因拍照等原因泄露，应使用水印技术对哪些数据来源进行标识？

答：应使用水印技术进行数据来标识的信息包括：人员信息、单位信息、地址信息、时间信息。

9. 数据质量划分的原则是什么？

答：谁生成谁负责，谁审核谁负责，谁运维谁负责，谁使用谁负责。

10. 如何界定承担数据质量主要责任的数据生成人？

答：人工录入、填写数据的，由录入人员作为数据生成人；设备自动采集数据，经业务相关人员确认的，由业务确认人作为数据生成人；无须业务人员确认的数据，由采集设备的运维人员作为数据生成人。经过修改加工的数据，最后一次修改加工数据的人员更新成为该数据的生成人；通过程序以自动化手段批量修改的数据，由申请修改的业务人员作为数据生成人。

11. 数据质量认责的范围是什么？

答：数据质量认责范围涵盖营销专业产生的全量数据。营销专业接入、使用的其他专业及外部数据参照执行。

12. 营销系统中对用电地址的校验规则是什么？

答：（1）采录校验：不可为空；字符类型，最大长度256个字符。

（2）逻辑校验：省、市、县不能为空，直辖市不需校验；街道办事处/乡镇、居委会/行政村不能为空；城区客户道路名称不能为空；城市小区名称、楼栋、单元、房屋信息齐全；农村村庄名称不能为空，门牌号码可以选填；用电地址不应有特殊字符、全角字符；同一表箱的客户用电地址，除了门牌号码，其余地址信息应一致；不能存在一址多户。

13. 如何预防用电地址不准确问题？

答：（1）系统中：在办电环节提示用电地址信息字段校验规则；在办电流程的录入环节中嵌入自身强制校验规则；在办电流程中嵌入数据质量逻辑校验规则，对多次采录的客户地址信息进行校核。

（2）日常工作中：通过用户名称、证照信息匹配第三方地理位置信息，对系统用电地址动态更新；定期开展现场检查，对用户实际用电地址和系统用电地址进行比对校核；每年6月和12月定期查阅中华人民共和国民政部网站，对接当地民政部门获取行政区划地址变更信息，通过营销专业管理人员审核确认，将新的行政区划地址编码应用到营销专业用电地址中，并修改营销业务系统用户档案地址信息；主动对接地方民政部门，收集本地最新的详细地址样例及编码规则，按季度更新本单位详细信息地址编码库。

14. 营销系统中对联系人手机号的校验规则是什么？

答：（1）采录校验：不可为空；数值类型，有效位数11位。

（2）逻辑校验：应属于运营商通信功能号段。集团户或批量新装的不同居民用户编号，联系人手机号码重复允许超过500户，其他情况不允许超过500户。

（二）居民数据质量管理

1. 低压居民用户核心档案信息包括哪些？

答：低压居民用户核心档案信息包括用户名称、用电地址、证件信息和联系人手机号等四个字段。

2. 营销系统中对身份证号码的校验规则是什么？

答：（1）采录校验：可为空；字符类型，最大长度32个字符。

（2）逻辑校验：公民身份证号码是特征组合码，由17位数字本体码和1位校验码组成。其排列顺序从左至右依次为6位数字地址码，8位数字出生日期码，3位数字顺序码和1位数字校验码。集团户或批量新装的不同居民用户编号，身份证重复允许超过500户，其他情况不允许超过500户。

3. 营销档案数据中城乡类别是指什么？

答：营销档案数据中，城乡类别是划分城乡的重要标识和依据，以国务院关于市镇建制的规定和行政区划为划分基础，以民政部门确认的社区居民委员会、村民委员会辖区及类似村级地域为划分对象，以政府驻地的实际建设与周边区域的连接状况为划分依据。城乡类别划分采用城乡属性判断法进行，即先根据实际建设情况判断村级单位的城乡属性，再根据村级单位所在的统计区域和城乡属性综合判断出村级单位的城乡类别。

4. 营销系统中对城乡类别的校验规则是什么？

答：（1）采录校验：不可为空或非标准代码值；根据用户现场用电区域选择，包含城市、农村、特殊边远地区。

（2）逻辑校验：当五级地址相同时，不同用户的城乡类别应相同；应与用电类别城镇或乡村属性匹配。

5.什么是基础数据质量合格率？

答：基础数据质量合格率，是根据《营销数据质量标准》对居民用户的用户名称、用电地址、证件信息、联系人手机号等四个字段，非居民用户的用户名称、用电地址、证件信息、联系人手机号码、产权分界点、枢纽站名称（变电站名称）、管线杆号（线路名称）、配送站名称（台区名称）等八个字段进行评价的指标；也是对居住小区的档案采录完整性进行评价的指标。基础数据质量合格率=居民用户（核心字段）合格率×30%+非居民用户合格率（核心字段）×50%+居住小区合格率×20%。

6.如何预防联系人手机号不准确问题？

答：（1）系统中：在办电环节提示联系人手机号信息字段校验规则；在办电流程的录入环节中嵌入自身强制校验规则；在办电流程中嵌入数据质量逻辑校验规则，对多次采录的客户联系信息进行校核。

（2）日常工作中：定期对零散客户（非批量、集团客户）同一联系号码超20户的情况进行甄别；对于无户主信息的客户，基于"网上国网"的户主绑定信息数据，获取"网上国网"的客户信息，回填完善营销系统；定期批量发送短信验证，对已停机或客户反馈错号等电话缺失情况进行现场核实整改；通过用户名称、证照信息与第三方渠道开展实名制信息共享，审核后实现联系人手机号动态更新。

7.如何预防用电（发电）地址不准确问题？

答：（1）系统中：在办电环节提示用电（发电）地址信息字段校验规则；在办电流程的录入环节中嵌入自身强制校验规则；在办电流程中嵌入数据质量逻辑校验规则，对多次采录的客户地址信息进行校核；通过用户名称、证照信息匹配第三方地理位置信息，对系统用电地址动态更新。

（2）日常工作中：定期开展现场检查，对用户实际用电地址和系统用电地址进行比对校核。

8.如何预防城乡类别不准确问题？

答：（1）系统中：在办电环节提示城乡类别信息字段校验规则；在办电流程的录入环节中嵌入自身强制校验规则；在办电流程中嵌入数据质量逻辑校验规则，对采录的客户城乡类别和用电地址进行校核。

（2）日常工作中：通过客户产权证标注的住所地址与规划部门划定的农村和城市区域进行比较，对明显不符合区域属性的通知客户到供电企业办理相应手续；定期按照中华人民共和国民政部发布的地址码与档案中客户用电地址比对，判断城乡类别异常；定期开展现场检查，对用户实际用电地址所处城乡位置和系统城乡类别进行比对校核。

9.如何预防证件信息不准确问题？

答：（1）系统中：在办电和业务变更环节提示证件信息字段校验规则；在办电和业务变更流程的录入环节中嵌入自身强制校验规则；在办电和业务变更流程中嵌入数据质量逻辑校验规则，对选择的证件信息和用户名称进行逻辑校核。

（2）日常工作中：建立与政府相关部门的信息共享机制，定期进行数据比对，发现异常数据主动联系客户核实并办理变更手续；定期开展现场检查，对客户证件信息与档案信息进行比对校核。

10.系统中用户名称不准确的产生原因有哪些？

答：系统中用户名称不准确的产生原因包括：用户申请办电和业务变更过程中，提供的用户名称不规范，导致业务人员填写错误；用户证件信息变更，未及时到供电公司办理相关业务，导致用户名称不准确；营销业务应用系统无强制、逻辑校验，导致异常数据未及时提示；现场检查不到位，未及时发现用户名称变更。

11. 系统中证件信息不准确的产生原因有哪些?

答：系统中证件信息不准确的产生原因包括：用户申请办电和业务变更过程中，提供的证件信息不规范，导致业务人员填写错误；用户证件信息变更，未及时到供电公司办理相关业务，导致证件信息不准确；业务人员流程审核不规范，一证受理后，送电前未补全相关证件内容；营销业务应用系统无强制、逻辑校验，导致异常数据未及时提示；现场检查不到位，未及时发现客户证件信息变更。

12. 如何预防供电（并网）电压不准确问题?

答：（1）系统中：在办电环节提示供电（并网）电压信息字段校验规则；在办电流程的录入环节中嵌入自身强制校验规则；在办电流程中嵌入数据质量逻辑校验规则，对采录的客户供电电压和用电类别、计量方式进行校核；特殊情况需列出。如针对执行大工业电价的充电桩，在系统中需增加可供选择的0.4kV电压选项。

（2）日常工作中：定期进行数据稽查，及时发现漏洞并修正，将营销业务应用系统用户电源信息推送至设备（资产）运维精益管理系统（PMS）进行线路挂接时，系统对用户电压等级与线路电压等级是否一致进行自校验；定期开展现场检查，对用户实际供电电压与用电类别、计量方式进行比对校核。

13. 如何预防合同（装机）容量不准确问题?

答：（1）系统中：在办电环节提示合同（装机）容量字段校验规则；在办电流程的录入环节中嵌入自身强制校验规则；在办电流程中嵌入数据质量逻辑校验规则，对采录的客户合同容量和用电类别、运行容量、供电电压、功率因数考核标准进行逻辑校核。

（2）日常工作中：在办电流程送电前，业务人员应现场核对配电变压器容量；定期开展现场检查，对用户实际用电容量与档案合同容量进行比对校核；加强电量电费核算管理，及时审核新装和变更后首次电量计算。

14.如何预防行业分类不准确问题？

答：（1）系统中：在办电和业务变更环节提示行业分类信息字段校验规则；在办电和业务变更流程的录入环节中嵌入自身强制校验规则；在办电和业务变更流程中嵌入数据质量逻辑校验规则，对选择的行业分类和用电类别进行逻辑校核。

（2）日常工作中：在办电和业务变更流程送电前，业务人员应现场确认客户用电行业；定期开展现场检查，对用户实际用电行业与档案行业分类进行比对校核；加强业务人员培训，杜绝审核不细致等人为错误。

15.如何预防增值税信息不准确问题？

答：（1）系统中：在办电和业务变更环节提示增值税信息字段校验规则；在办电和业务变更流程的录入环节中嵌入自身强制校验规则；在办电和业务变更流程中嵌入数据质量逻辑校验规则，对选择的增值税信息和用户名称进行逻辑校核。

（2）日常工作中：在客户申请增值税开票时对该信息进行重点提示、校核，确保与营销业务应用系统用户名称一致；建立与税务部门的信息共享机制，定期进行数据比对，发现异常数据主动联系客户核实并办理变更手续；定期开展现场检查，对客户增值税信息与档案信息进行比对校核。

16.如何预防供电电源不准确问题？

答：（1）系统中：在办电和业务变更环节提示供电电源信息字段校验规则；在办电和业务变更流程的录入环节中嵌入自身强制校验规则；在办电和业务变更流程中嵌入数据质量逻辑校验规则，对供电电源信息进行逻辑校核。

（2）日常工作中：及时同步供电电源信息，对营销业务应用系统和地理信息系统（GIS）中供电电源信息进行比对校核；定期开展现场检查，对客户实际供电电源信息与档案信息进行比对校核。

17.如何预防定价策略类型不准确问题?

答:(1)系统中:在申请办电、增容和业务变更流程的录入环节中嵌入定价策略信息强制校验规则;在申请办电、增容和业务变更流程中嵌入数据质量逻辑校验规则,对选择的定价策略信息和用电类别、基本电费计算方式进行逻辑校核。

(2)日常工作中:在办电、增容和业务变更流程送电前,业务人员应现场核对客户用电信息;定期开展现场检查,对用户实际用电信息与档案定价策略信息进行比对校核。

18.如何预防计量点基本信息不准确问题?

答:(1)系统中:在申请办电、增容和业务变更流程的录入环节增加计量点基本信息提示;在申请办电、增容和业务变更流程的录入环节中嵌入计量点基本信息强制校验规则;在申请办电、增容和业务变更流程中嵌入数据质量逻辑校验规则,对选择的计量点基本信息进行逻辑校核。

(2)日常工作中:在办电、增容和业务变更流程送电前,业务人员应现场核对客户计量点基本信息;定期开展现场检查,对用户实际用电信息和计量点基本信息与档案信息进行比对校核。

19.如何预防电价信息不准确问题?

答:(1)系统中:在申请办电、增容和业务变更流程的录入环节增加电价信息提示;在申请办电、增容和业务变更流程的录入环节中嵌入电价信息强制校验规则;在申请办电、增容和业务变更流程中嵌入数据质量逻辑校验规则,对选择的电价信息进行逻辑校核。

(2)日常工作中:在办电、增容和业务变更流程送电前,业务人员应现场核对客户用电情况和电价信息;定期开展现场检查,对用户实际用电情况、电价信息与档案信息进行比对校核。

20. 如何预防电能表信息不准确问题?

答:(1)系统中:在申请办电、增容和业务变更流程的录入环节增加电能表信息提示;在申请办电、增容和业务变更流程的录入环节中嵌入电能表信息强制校验规则;在申请办电、增容和业务变更流程中嵌入数据质量逻辑校验规则,对选择的电能表信息进行逻辑校核。

(2)日常工作中:在办电、增容和业务变更流程送电前,业务人员应现场核对客户电能表信息;定期开展现场检查,对用户实际电能表信息与档案信息进行比对校核。

21. 营销系统中对统一社会信用代码的校验规则是什么?

答:(1)采录校验:企业用户不可为空;字符类型,最大长度32个字符。

(2)逻辑校验:每个企业用户的统一社会信用代码唯一,需与营销系统用户名称一致;标准规定统一社会信用代码用18位阿拉伯数字或大写英文字母表示,分别是1位登记管理部门代码、1位机构类别代码、6位登记管理机关行政区划码、9位主体标识码、1位校验码;工商数据登记的社会统一信用代码不得处于注销状态。

22. 营销档案数据中用户名称的定义是什么?

答:电力使用者(用户)名称,即用电户名称,是依法与供电企业建立供用电关系的组织或个人名称。以用户提供有效证件的名称予以确定用电户名,如居民身份证、企业注册营业执照上的标注名称,需确保准确性和完整性,不可简化、不可有错别字等。

23. 营销系统中对用户名称的校验规则是什么?

答:(1)采录校验:不可为空;字符类型,最大长度为256个字符;允许值不包含特殊字符,如@、&、*等。

(2)逻辑校验:一般工商业的高压用户应采用营业执照、组织机构代码证、税务登记证、企事业法人证书、统一社会信用代码证等主体资格证明上的标准名称；居民用户采用户主身份证、户口本、护照、营业执照、组织机构代码证等相关证件上的标准名称。

24. 如何预防用户名称不准确问题？

答：（1）系统中：在办电和业务变更环节提示用户名称信息字段校验规则；在办电和业务变更流程的录入环节中嵌入自身强制校验规则；在办电和业务变更流程中嵌入数据质量逻辑校验规则，对填写的用户名称和证件信息进行逻辑校核。

（2）日常工作中：建立与政府相关部门的信息共享机制，定期进行数据比对，异常数据主动联系客户核实并办理变更手续；定期开展现场检查，对客户证件信息与档案信息进行比对校核。

25. 营销档案数据中用电地址的定义是什么？

答：用电方受电设备所处的地理位置，包括省、市、区县、街道（乡、镇）、居委会（行政村）和详细位置（道路、小区、门牌号）。

（三）非居民数据质量管理

1. 高低压非居民用户核心档案信息包括哪些？

答：高低压非居民用户核心档案信息包括用户名称、用电地址、证件信息、联系人手机号码、产权分界点、枢纽站名称（变电站名称）、管线杆号（线路名称）、配送站名称（台区名称）等八个字段。

2. 如何预防互感器信息不准确问题？

答：（1）系统中：在申请办电、增容和业务变更流程的录入环节增加互感器信息提示；在申请办电、增容和业务变更流程的录入环节中嵌入互感器信息强制校验规则；在申请办电、增容和业务变更流程中嵌入数据质量逻辑校验规则，对选择的互感器信息进行逻辑校核。

（2）日常工作中：在办电、增容和业务变更流程送电前，业务人员应现场核对客户互感器信息；定期开展现场检查，对用户实际互感器信息与档案信息进行比对校核。

3. 营销系统中对增值税号的校验规则是什么？

答：（1）采录校验：高压企业用户不可为空；字符类型，最大长度32个字符。

（2）逻辑校验：每个企业用户的增值税号唯一；增值税用户应有增值税信息，包含增值税号、增值税名、增值税电话、增值税账号等相关信息。

4. 营销档案数据中行业分类的定义是什么？

答：行业分类是指根据行业标准编码表划分的从事国民经济中同性质的生产或其他经济社会的经营单位或个体的组织结构体系。

5. 营销系统中对行业分类的校验规则是什么？

答：（1）采录校验：不可为空；字符类型，最大长度8个字符；根据GB/T 4754—2017《国民经济行业分类》及ISICRev.4《所有经济活动的国际标准行业分类》，结合用户现场用电情况选择行业分类；用户选择的行业分类应为最末级行业分类。

（2）逻辑校验：用户电价的行业类别是城乡居民，电价对应用电类别应为城乡居民；计量点和用户电价应存在对应关系；八大高耗能行业用户档案电价对应用电类别必须为大工业、普通工业、非工业中的一种。

6. 营销档案数据中合同容量的定义是什么？

答：合同容量是指供电部门许可并在供用电合同中约定的用户受电设备总容量。对居民用户而言，合同容量是指装设的电能表表量；对低压用户而言，合同容量是指允许装接的用电设备容量；对高压用户而言，合同容量是指直接接在受电电压线路上的变压器和直配高压电动机容量之和。双电源或多电源用户，应按每路电源可接入容量的最大可能值之和计算。

7. 营销系统中对合同容量的校验规则是什么?

答:(1)采录校验:不可为空;数值类型,有效位数16位,小数位6位。

(2)逻辑校验:正常用电户的合同容量大于零;电压在110kV及以上的用户,合同容量不能低于10000kVA;合同容量不小于运行容量;合同容量50kVA以下用户供电电压不应大于或等于35kV;用户的安装容量或合同容量值不能大于1亿kVA;用户合同容量不应小于主供电源或常用互为备用电源的供电容量之和;合同容量应与用户所属受电设备总容量相等;用户合同容量低于100kVA不应执行力率考核。

8. 营销档案数据中运行容量的定义是什么?

答:运行容量是指用户正在使用的合同容量。一般情况下,合同容量与运行容量是一致的,但专用变压器用户如办理了减容或暂停等业务时,运行容量会与合同容量不一致,在减容或暂停期间其运行容量等于合同容量减去已减容或暂停的容量。

9. 营销系统中对运行容量的校验规则是什么?

答:(1)采录校验:不可为空;数值类型,有效位数16位,小数位6位。

(2)逻辑校验:运行容量不小于零;运行容量不应大于合同容量;运行容量应与运行受电设备总容量相等;执行大工业电价码,档案运行容量不应小于315kVA;执行普通工业电价码,档案运行容量不应大于315kVA。

10. 营销系统中对电压等级的校验规则是什么?

答:(1)采录校验:不可为空;字符类型,最大长度8个字符;根据用电客户的现场供电电压,选择对应的等级代码。

(2)逻辑校验:低压居民及非居民用户电压等级不能大于等于6kV;高压用户电压等级不能小于等于0.4kV;高压用户高压电源供电电压应与所属供电线路电压等级一致;用电类别所属工业类用户电压等级不应小于220V;大工业用户电压等级不应小于6kV;用户电压等级为高压,主计量点计量方式不应为低供低计。

11. 营销档案数据中用电类别的定义是什么？

答：用电类别是指根据用户的用电性质，将其分为居民生活用电、一般工商业用电、大工业用电和农业生产用电四大类。详细类别引用国家电网公司营销管理代码类集：5110.4（一般设计为标准代码值，代码值对应可选项包含考核、大工业用电、大工业中小化肥、大工业其他优待、居民生活用电、乡村居民生活用电、城镇居民生活用电、中小学教学用电、农业生产用电、农业排灌、贫困县农业排灌用电、一般工商业、非居民照明、非工业、普通工业、普通工业中小化肥、商业用电等）。

12. 营销系统中对用电类别的校验规则是什么？

答：（1）采录校验：不可为空或非标准代码值；根据用户实际情况，选择用电类别。

（2）逻辑校验：用电类别高低压属性应与电压等级一致；用电类别属性应与主计量点的电价行业类别一致；城镇或乡村属性应与城乡标志匹配；若一个用户只有一个计量点时，档案的用电类别应与执行电价的用电类别一致；若用户所有计量点电价存在大工业的，用户的用电类别应为大工业。

13. 现行营销系统中对用户电价是如何划分的？

答：现行营销系统按用户用途辅以容量大小，分为生活照明用电、非工业用电、普通工业用电、大工业用电及农业用电等大类，分别计价。

14. 营销系统中对用户电价的校验规则是什么？

答：（1）采录校验：不可为空，根据用户实际情况，选择用户电价。通常设计为标准编码格式，称为电价码，一般每个计量点对应一个电价码，客户执行何种电价与客户计量方式有关，在用户新装时，一般会在供电方案中给予明确规定。

（2）逻辑校验：计量点上电价码不应为空或不在电价码表中；计量点分时标志与执行电价中时段应同步；计量点电价是分时的，对应有功表示数类型不应只有一个示数类型"总"；计量点电压应在其对应电价的电压范围内；不足315kVA的工业用户，不应执行大工业（两部制）电价码；运行容量大于315kVA的工业用户，通常不应执行普通工业电价码；临时用电户必须是非工业电价；普通工业用户暂停或减容恢复后容量大于等于315kVA，电价应改为大工业电价码；大工业用户暂停或减容后容量小于315kVA，电价应改为普通工业电价码；高耗能淘汰类应执行分时电价；档案信息中分时电价标志为"是"的，电价应选择分时电价。

15.现行营销系统中对计量方式是如何划分的?

答：营销系统中计量方式按计量装置设置点分为高供高计、高供低计和低供低计。

16.营销系统中对计量方式的校验规则是什么?

答：（1）采录校验：不可为空或非标准代码值；字符类型，最大长度8个字符；根据用户实际情况，选择计量方式。

（2）逻辑校验：低压居民用户计量方式应为低供低计；用户供电电压为高压，主计量点计量方式不应为低供低计；电能表相线为三相三线对应的计量点不应有低供低计；非内部考核关口不应为低供低计的计量方式；计量方式低供低计的，计量点电压等级不应为6kV及以上；计量方式是高供高计的，计量点电压等级不应为6kV以下。

17.现行营销系统中对计量点接线方式是如何划分的?

答：计量点接线方式指电网经营企业与电力客户间结算电费的电能计量点接入所属线路接线方法，包括单相、三相三线、三相四线。

18.营销系统中对计量点接线方式的校验规则是什么?

答:(1)采录校验:不可为空或非标准代码值;字符类型,最大长度8个字符;根据用户实际计量方式,选择计量点接线方式。

(2)逻辑校验:计量点电压等级为220V,计量点接线方式应为单相;计量点的计量方式为低供低计的,计量点接线方式不应为三相三线;用户供电电压为10kV且其计量点的计量方式为高供低计的,计量点接线方式不应为三相三线;电能计量点计量方式为高供高计的,接线方式不应为单相。

19.营销档案数据中枢纽站名称的定义是什么?

答:枢纽站名称是指用户供电电源所属变电站名称。

20.营销系统中对枢纽站名称的校验规则是什么?

答:(1)采录校验:不可为空;字符类型,最大长度256个字符。

(2)逻辑校验:电源所属变电站、线路、台区要有完整的关联关系;与生产设备(资产)运维精益管理系统(PMS)一一对应。

21.营销档案数据中管线杆号的定义是什么?

答:管线杆号是指用户受电设备所连接的供电线路名称。

22.营销系统中对管线杆号的校验规则是什么?

答:(1)采录校验:不可为空;字符类型,最大长度256个字符。

(2)逻辑校验:用户计量点对应线路不能为空值;电源的线路不能为空;双电源用户主供电源和备用电源的线路不应为同一条线路;受电设备的线路不能为空;电源所属变电站、线路、台区要有完整的关联关系;与生产设备(资产)运维精益管理系统(PMS)一一对应。

23.营销档案数据中配送站名称的定义是什么?

答:配送站是指供电台区,配送站名称是指用户供电电源所属台区名称。

24. 营销系统中对配送站名称的校验规则是什么？

答：（1）采录校验：不可为空；字符类型，长度不超过256个字符。

（2）逻辑校验：用户计量点对应台区不能为空值；电源的台区不能为空；受电设备的台区不能为空；电源所属变电站、线路、台区要有完整的关联关系；台区与生产PMS系统对应的变压器各类属性（运行状态、容量等）一一对应。

25. 营销档案数据中进线方式的定义是什么？

答：进线方式是指用电客户受电设备与供电线路连接的输电方式，包括架空、电缆直埋、电缆架空、电缆桥架、电缆隧道、电缆管井、电缆架空混合及其他。

26. 营销系统中对电源性质是如何划分的？

答：电源的性质包括主供电源、备用电源、保安电源、常用互为备用、生产备用、检修备用、电网提供、客户自备。

27. 营销系统中对电源相数是如何划分的？

答：电源的相数分为单相电源、三相电源。

28. 营销系统中总电量是指什么？

答：总电量是指用户每个计费周期消费的总电能数量，包括用户的用电量、变损电量、线损电量及依法追/退电量。用户总电量属于用户电费信息，存在于用户每个结算周期（一般为一个月）的电费清单中。

29. 营销系统中应收电费是指什么？

答：应收电费指用户在一个计费周期内，承担的电能使用相关费用。应收电费属于用户电费信息，存在于用户每个结算周期（一般为一个月）的电费清单中。

30.如何预防运行容量不准确问题？

答：（1）系统中：在业务变更环节提示运行容量信息字段校验规则；在业务变更流程的录入环节中嵌入自身强制校验规则；在业务变更流程中嵌入数据质量逻辑校验规则，对采录的客户运行容量和用电类别、合同容量、功率因数考核标准进行逻辑校核。

（2）日常工作中：在业务变更流程送电前，业务人员应现场核对客户用电设备容量；定期开展现场检查，对用户实际用电容量与档案运行容量进行比对校核。

（四）居住小区数据质量管理

1.居住小区名称不准确的影响范围有哪些？

答：营销基础档案信息中居民小区名称不正确，易造成小区选择错误、相关增值服务不到位等问题，影响客户的获得电力便利度，引发客户服务风险。

2.居住小区名称不准确的表现形式有哪些？

答：居住小区名称不准确主要有小区名称与实际名称不符、小区名称不全、小区名称重复等。

3.居住小区名称不准确的原因有哪些？

答：居住小区名称不准确的原因主要包括：多数老旧小区前期无人管理，新物业公司接收后未及时办理过户更名手续；新建小区配电设施是由之前的建设方投资，小区建成后建设方无偿移交给物业公司，未到供电公司办理过户更名手续；小区立户时，未提供正确的小区名称；小区更改小区名称未及时告知供电公司；业务人员审核资料不细致，导致名称录入不全或错误；营销系统无前置校验，导致异常数据未及时预警提示。

4. 如何预防居住小区名称不准确？

答：（1）系统中：在业务流程录入环节进行事中校验，并在系统小区名称中增加不能存在同样名称的校验规则，如出现重复小区名称时进行事前告知。

（2）日常工作中：在业务受理环节与用户进行确认，并仔细校核；定期开展现场核查工作，对辖区内居民区用户建立台账信息，及时更新档案缺失和错误问题；要求台区经理及时掌握辖区内居住小区最新信息。

5. 居住小区地址不准确的影响范围有哪些？

答：营销基础档案中居住小区地址不正确，易造成小区档案地址不精确、地址错误等问题，引发服务人员用电地址定位错误、故障抢修不及时、增值服务偏差等服务风险。

6. 居住小区地址不准确的表现形式有哪些？

答：居住小区地址不准确主要有小区地址与实际地址不符、小区地址不全等。

7. 居住小区地址不准确的原因有哪些？

答：居住小区地址不准确的原因主要包括：小区立户时，管理单位未提供的正确的小区地址；业务人员审核资料不细致，导致地址录入不全或错误；营销系统无前置校验，导致异常数据未及时预警提示。

8. 如何预防居住小区地址不准确？

答：（1）系统中：在业务流程录入环节进行事中校验，并在系统小区地址增加不同居住小区不能存在同样地址的校验规则。

（2）日常工作中：在业务受理环节与用户进行确认，并仔细校核；定期开展现场检查，及时更新档案缺失和错误问题。

9. 居住小区类型不准确的影响范围有哪些？

答：营销基础档案信息中居住小区类型不准确，主要体现在小区类型标签选择公用变压器供电小区（资产已移交）、公用变压器供电小区（资产未移交或部分移交）、专用变压器供电小区、部分公用变压器部分专用变压器供电小区、其他五类标签选择错误和小区是否有高层建筑选择错误，将对小区供电资产分界点划分、小区供电重要性确定、小区是否需配备自备（保安）电源等数据分析和下一步工作方向制定造成错误指引。

10. 居住小区类型不准确的原因有哪些？

答：居住小区地址不准确的原因主要包括：现场勘察环节未确定小区供电类型，导致业务人员判断错误；业务人员对小区类型定义模糊，导致标签选择错误；业务人员维护档案时不细致，导致录入错误。

11. 如何预防居住小区类型不准确？

答：在业扩立户环节根据客户用电地址对该字段进行重点提示，进行事前告知；对房产证、产权证标注的用电地址进行分析，与小区开发商、物业公司沟通确定，对明显不符合小区类型的通知用户到供电公司办理相应手续；要求工作人员仔细认真开展现场勘察工作，系统推送到掌上终端的现场勘察信息应有明确的"是否有小区""小区类型"等标签。

12. 居住小区属性标签不准确的影响范围有哪些？

答：营销基础档案信息中居住小区属性标签选择错误，会导致数据统计错误、小区增值服务不到位，引发供电服务风险和工作计划制定偏差。

13. 居住小区属性标签不准确的表现形式有哪些？

答：居住小区属性标签不准确的表现形式主要有属性标签为空、属性标签与实际不符。

14.居住小区属性标签不准确的原因有哪些?

答:在小区普查建档过程中,小区管理单位提供的属性标签错误;现场勘察环节未确定小区属性标签,导致业务人员判断错误;业务人员对小区属性标签分类理解不到位,导致标签选择错误;业务人员维护档案时不细致,导致录入错误。

15.如何预防居住小区属性标签不准确?

答:在业务受理环节与用户进行确认,并仔细校核;在业务流程录入环节进行事中校验,并在系统属性标签增加不能存在矛盾的校验规则,如保障性住房不能是商品房;结合用电检查、计量消缺、现场停复电等现场工作开展现场复核,并对属性标签进行核对和完善。

16.居住小区联系信息不准确的影响范围有哪些?

答:营销基础档案信息中居住小区联系信息不正确,易发生检修停电通知、业务告知、信息公开、增值服务推广不到位等问题,引发供电服务不准确、不规范等服务风险。

17.居住小区联系信息不准确的表现形式主要有哪些?

答:居住小区联系信息不准确的表现形式主要有不同用户对应联系电话重复、联系电话未及时更新、联系电话为非标准字段、联系电话优先级重复。

18.居住小区联系信息不准确的原因有哪些?

答:居住小区联系信息不准确的原因主要包括:在小区普查建档过程中,小区管理单位提供的联系方式错误;变更联系方式时未及时告知用户到营业厅办理变更;业务人员维护档案时不细致,导致录入错误。

19.如何预防居住小区联系信息不准确?

答:在业务受理环节与用户进行确认,并进行事前告知;在业务流程录入环节进行事中校验，并在系统中增加联系方式不能为空、联系方式必须为11位的校验规则；依托通信运营商第三方数据和"网上国网"App定期对用户姓名、电话、身份证等信息开展比对校核。

20.居住小区高层住宅信息不准确的影响范围有哪些？

答：营销基础档案信息中居住小区高层住宅信息不正确，易发生系统内数据统计错误，影响故障停电时报备信息准确度，导致应急电源未及时支援、停电可能引发次生灾害等服务风险。

21.居住小区高层住宅信息不准确的表现形式有哪些？

答：居住小区高层住宅不准确的表现形式主要有高层建筑类型选择错误、高层建筑数据与实际不符。

22.居住小区高层住宅信息不准确的原因有哪些？

答：居住小区高层住宅不准确的原因主要包括：居住区立户时，未认真核实是否有高层建筑；业务人员不清楚不同类型的高层建筑定义，导致选择错误；业务人员审核资料不细致，导致录入错误或漏录关键信息；营销系统无前置校验，导致异常数据未及时预警提示。

23.如何预防居住小区高层住宅信息不准确？

答：在立户环节对该字段进行重点提示，进行事前告知；在业务流程的选择是否有高层建筑环节中嵌入数据质量校验规则，进行事中校验；在添加高层建筑信息时，"公变栋数""公变客户数"与"专变栋数""专变客户数"不能存在都为空值的情况，增加校验规则；将不同建筑类型的释义添加到选项中，作为提示信息，便于业务录入人员及时分辨。

24.居住小区供电电源信息不准确的影响范围有哪些？

答：营销基础档案信息中居住小区供电电源信息不正确，易发生停电信息不正确、线路运维界面混乱、线路运维方式错误、应急处置不当等运维风险。

25. 居住小区供电电源信息不准确的表现形式有哪些?

答：居住小区供电电源不准确的表现形式主要有供电电源信息不规范、供电电源信息与实际不符、供电线路与实际不符、进线方式与实际不符、自备电源信息与实际不符等。

26. 居住小区供电电源信息不准确的原因有哪些?

答：小区新建时，营业人员未到现场了解供电电源信息；运维人员审核资料不细致，导致录入错误；营销系统无前置校验，导致异常数据未及时预警提示；日常检查过程中，用电检查人员未对线路、自备电源进行详细的检查；用户安装或变更自备电源后，营业人员未及时将信息补录进营销系统内；工作人员责任心不强，未按规定在居住小区建档时正确录入信息。

27. 如何预防居住小区供电电源信息不准确?

答：在小区新装环节对相关字段进行重点提示，并进行事前告知；在业务流程的录入环节嵌入数据质量校验规则，进行事中校验；增加提供现场图片作为判定支撑；居住小区自备应急电源信息中，自备电源型号作为必须录入项，并增加设备图片信息作为佐证材料；居住小区供电电源信息与其所属台区用户线路设置强校验或智能匹配功能，避免因人为原因导致供电线路信息录入错误。

28. 居住小区供配电站房信息不准确的影响范围有哪些?

答：营销基础档案信息中居住小区供配电站房信息不正确，易发生设备巡视不到位、小区站房消防、防汛等基础设施隐患排查不到位、设备检修通道不畅等运维风险。

29. 居住小区供配电站房信息不准确的表现形式有哪些?

答：居住小区供配电站房信息不准确的表现形式主要有站房类型与实际不

符、站房名称不详细、站房位置与实际不符、站房变压器数量与实际不符、站房是否留有检修通道与实际不符、站房环境描述与实际不符等。

30.居住小区供配电站房信息不准确的原因有哪些？

答：居住小区供配电站房信息不准确的原因主要包括：小区新建时，营业人员未到现场了解站房实际情况；运维人员对于小区站房类型、命名方式不清晰；运维人员审核资料不细致，导致录入错误；营销系统无前置校验，导致异常数据未及时预警提示；运维人员巡视巡检后未及时更新站房环境情况。

第二章

数据治理题库

一、单项选择题

1.高低压非居民用户核心档案信息包括用户名称、用电地址、证件信息、联系人手机号码、产权分界点、枢纽站名称（变电站名称）、管线杆号（线路名称）、配送站名称（台区名称）等（　　）个字段。

A.4 　　　　　　　B.6 　　　　　　　C.8 　　　　　　　D.105

答案：C

2.依据《供电营业规则》规定，用户减容时，减容必须是整台或整组变压器的（　　）小容量变压器用电。

A.停止或更换 　　B.拆除 　　　　　C.暂停 　　　　　D.暂拆

答案：A

3.低压居民用户电压等级不能大于等于（　　）

A.220V 　　　　　　B.380V 　　　　　C.6kV 　　　　　　D.10kV

答案：C

4.执行一般工商业电价的高压用户现场普查过程中，除基础信息、现场信息、现场典型异常等内容外，还需要核查（　　）

A.转供电加价信息 　　　　　　　　B.调研市场能效服务意愿

C.可调节负荷潜力　　　　　　　　　D.以上都是

答案：D

5.临时用电期限除经供电企业准许外，一般不得超过（　）个月。

A.三　　　　　　　B.六　　　　　　　C.九　　　　　　　D.十二

答案：B

6.营销数据质量标准中用户定价策略类型为两部制电价的用户，其合同容量不应小于（　）kVA。

A.325　　　　　　　B.310　　　　　　　C.315　　　　　　　D.320

答案：C

7.高层建筑按建筑高度划分：二类高层住宅高度大于27m但不大于54m；一类高层住宅高度大于54m但不大于100m；超高层住宅高度大于（　）m。

A.90　　　　　　　B.100　　　　　　　C.110　　　　　　　D.120

答案：B

8.居民用户房屋变更户主，在用电地址、（　）、用电类别不变条件下，允许办理更名或过户。

A.供电电源　　　　B.电压等级　　　　C.用电容量　　　　D.产权分界

答案：C

9.有（　）的用户在取得供电企业供给的保安电源的同时，还应有非电性质的应急措施，以满足安全的需要。

A.要求　　　　　　B.资金　　　　　　C.重要负荷　　　　D.一般负荷

答案：C

10.基础数据质量合格率是对居民用户的用户名称、用电地址、（　）、联系人手机号等4个字段根据《营销数据质量标准》进行评价。

A.合同容量　　　　B.证件信息　　　　C.城乡类别　　　　D.计量方式

答案：B

11.供电企业与低压居民用户的产权分界点一般为（　）。

A.计量箱出线开关下桩头　　　　　　　　　B.开闭所、环网柜

C.用户配电室前的第一断路器或第一支持物　　　　D.公用线路分支杆

答案: A

12.在营销数据质量标准中，暂停客户的合同容量在暂停期间其运行容量等于合同容量减去（　　）的容量。

A.已拆除　　　　B.已暂停　　　　C.已减容　　　　D.未投运

答案: B

13.居住小区营销基础档案信息中（　　）信息不正确，可能导致互感器型号选用错误、户均容量计算不准、光伏可接入容量出错、保护定值设置错误、负载率统计计算错误、抢险抢修环节易发生无法快速到达故障点、服务延误、抢修走弯路等问题。

A.变压器　　　　B.互感器　　　　C.计量装置　　　　D.保护

答案: A

14.供电企业可以对距离发电厂较近的用户，采用（　　）供电方式，但不得以发电厂的厂用电源或变电站（所）的站用电源对用户供电。

A.发电厂直配　　　　　　　　　　B.变电站（所）直配

C.发电厂转供　　　　　　　　　　D.变电站（所）专供

答案: A

15.居住小区（　　）核实录入不准确，变电站—线路—变压器图纸错误，涉及变电站—线路—变压器现场、档案台账资料、系统信息不一致，易影响居住小区供电故障响应及时性，导致故障抢修延迟和抢修安全隐患，引发供电服务风险。

A.变压器　　　　B.互感器　　　　C.保险　　　　D.线站变关联信息

答案: D

16.居民用户联系人（　　）不正确，易发生余额不足通知、电费催缴通知、检修停电通知、95598工单回访、销户退费通知、"网上国网"App绑定、新型业务推广不到位等问题，引发客户不良感知。

A.身份证号码　　　B.证件信息　　　C.居住地址　　　D.手机号码

答案：D

17.对于临时用电中单点容量小、安装分布广、持续用电的有线电视、网络通信、交通信号灯、移动基站等用户，具备装表条件的必须装表计量，确实不具备装表条件的，应纳入（　）户进行专项管理，签订供用电协议，明确设备数量、设备容量、定量电量等内容，按期算量算费。

A.协议定量　　　　　B.协议定比　　　　　C.定量　　　　　D定比

答案：A

18.高低压非居民用户核心档案信息包括用户名称、用电地址、证件信息、联系人手机号码、（　）、枢纽站名称（变电站名称）、管线杆号（线路名称）、配送站名称（台区名称）等8个字段。

A.自备电源　　　　B.负荷性质　　　　　C.税务登记证　　　　D.产权分界点

答案：D

19.农业生产用电价格，是指农业、林木培育和种植、畜牧业、渔业生产用电，农业灌溉用电，以及（　）的价格。

A.农业服务业中的农产品初加工用电　　　　B.农、林、牧、渔服务业用电

C.农副食品加工业用电　　　　D.以上都是

答案：A

20.定期开展（　），对用户实际用电地址所处城乡位置和系统中城乡类别进行比对校核。

A.现场检查　　　　B.系统监测　　　　　C.系统检查　　　　D.档案检查

答案：A

21.居住小区站房设备一键定位：基于居住小区档案信息，在发生故障停电时，（　）可通过营销业务系统、生产业务系统或移动作业终端，实现居住小区地址、站房位置、发电车接入点精准定位。

A.抢修人员　　　　B.物业人员　　　　　C.社区工作者　　　　D.政府人员

答案：A

22.居住区建档普查工作是以居住小区为单元开展建档工作。涵盖公司经营

区范围内各类高压（　　）公用变压器、专用变压器供电的居住小区，包括供配电设施已接收和未接收，供电公司运维和非供电公司运维的居住小区。

A.10kV　　　　　B.10kV 及以上　　　　　C.35kV　　　　　D.35kV 及以上

答案：B

23.用户档案基础数据质量合格率是根据《营销数据质量标准》对（　　）和非居民用户档案核心字段合格率及居住小区档案合格率进行评价。

A.居民用户　　　　B.工业用户　　　　C.低压用户　　　　D.照明用户

答案：A

24.居住小区供配电站房信息不准确的表现形式有（　　）、站房名称不详细、站房位置与实际不符、站房变压器数量与实际不符。

A.站房类型与实际不符　　　　　　　　B.站房高度与实际不符

C.站房开关数量与实际不符　　　　　　D.站房数量与实际不符

答案：A

25.用户单相用电设备总容量不足（　　）kW的可采用低压220V供电。但有单台设备容量超过1kW的单相电焊机、换流设备时，用户必须采取有效的技术措施以消除对电能质量的影响，否则应改为其他方式供电。

A.10　　　　　　B.20　　　　　　C.30　　　　　　D.40

答案：A

26.用户需要的电压等级在（　　）kV及以上时，其受电装置应作为终端变电站设计，方案需经省电网经营企业审批。

A.10　　　　　　B.35　　　　　　C.110　　　　　　D.220

答案：C

27.高层建筑是指建筑高度大于27m或建筑层数大于（　　）层（含）的住宅建筑。

A.10　　　　　　B.11　　　　　　C.9　　　　　　D.8

答案：A

28.居民用户应收电费指用户在（　　）个计费周期内，承担的电能使用相关费用。

A.一　　　　　B.二　　　　　C.三　　　　　D.四

答案：A

29.用户需要备用、保安电源时，供电企业应按其（　　）、用电容量和供电的可能性，与用户协商确定。

A.负荷重要性　　B.供电电压　　　C.线路走向　　　D.用户要求

答案：A

30.一般工商业的（　　）应采用营业执照、组织机构代码证、税务登记证、企事业法人证书、统一社会信用代码证等主体资格证明上的标准名称。

A.高压用户　　　B.居民用户　　　C.灌溉用户　　　D.部队

答案：A

31.推广应用营销档案（　　），逐步取消纸质工单，实现档案信息的自动采集、动态更新、实时传递和在线查阅。

A.信息化　　　　B.无纸化　　　　C.数字化　　　　D.电子化

答案：D

32.数据质量责任按照数据生成、数据审核、数据使用、技术支持等方面进行划分，责任类型分为主要责任、次要责任、（　　）。

A.监督责任　　　B.同等责任　　　C.全部责任　　　D.一般责任

答案：A

33.居住小区营销基础档案信息中（　　）不正确，易发生设备巡视不到位、小区站房消防、防汛等基础设施隐患排查不到位、设备检修通道不畅等运维风险。

A.位置信息　　　B.供配电站房信息　　C.电源信息　　　D.楼层信息

答案：B

34.参照GB 50352—2019《民用建筑设计通则》和GB 50016—2014《建筑设计防火规范》，将居住小区内高层住宅划分为二类高层住宅、一类高层住宅和（　　）住宅。

A.三类　　　　　B.超高层　　　　C.次高层　　　　D.底层

答案：B

35.社会福利场所生活用电、宗教场所生活用电、城乡社区居民委员会服务设施用电，执行（　　）价格。

A.工商业及其他用电　　　　　　B.居民生活用电

C.农业生产用电　　　　　　　　D.大工业用电

答案：B

36.营销数据质量标准中应收电费不能出现超大额数据，如单个居民用户月电费不能超过（　　）万元。

A.20　　　　　　B.10　　　　　　C.15　　　　　　D.25

答案：B

37.专线高压用户现场普查过程中，除基础信息、现场信息、现场典型异常等内容外，还需要核查（　　）。

A.客户专线线路运维状况　　　　B.计量装置与产权分界点设置

C.线路线损计收　　　　　　　　D.以上都是

答案：D

38.二类高层住宅层数大于10层但不大于18层（含）；一类高层住宅层数大于18层但不大于34层（含）；超高层住宅层数大于（　　）层。

A.32　　　　　　B.33　　　　　　C.34　　　　　　D.35

答案：C

39.居住小区联系信息不准确的表现形式主要有：不同用户对应联系电话重复、联系电话未及时更新、（　　）、联系电话优先级重复。

A.身份证号为非标准字段　　　　B.用户名称为非标准字段

C.联系电话为非标准字段　　　　D.居住地址为非标准字段

答案：C

40.居住小区档案信息一键查询是指基于居住小区档案信息，在营销业务系统中对居住小区档案信息实现精准、模糊和（　　）查询。

A.线上　　　　　B.快速　　　　　C.组合　　　　　D.便捷

答案：C

41.居住小区名称不准确的表现形式主要有（　）。

A.小区名称与实际名称不符　　　　　B.小区名称不全

C.小区名称重复　　　　　　　　　　D.以上都是

答案：D

42.以下（　）属于营销数据标准中数据质量的评价维度。

A.规范性、完整性　　　　B.准确性、一致性

C.时效性、可访问性　　　D.以上都是

答案：D

43.高层建筑按建筑高度划分：二类高层住宅高度大于（　）米但不大于54米。

A.27　　　　　　　B.29　　　　　　　C.30　　　　　　　D.35

答案：A

44.居住小区应急保电一键响应：基于居住小区档案信息，在发生故障停电时，（　）收到抢修信息后，通过营销业务系统、生产业务系统或移动作业终端精确定位后，快速生成应急移动电源的停靠和接入。

A.抢修人员　　　B.物业人员　　　C.社区工作者　　　D.政府人员

答案：A

45.营销系统中居民用户行业分类的逻辑校验中用户电价的行业类别是城乡居民，电价对应用电类别应为（　）。

A.居民服务　　　B.非工业　　　C.城乡居民　　　D.普通工业

答案：C

46.居民用户计量方式为低供低计的，计量点电压等级不应为（　）。

A.交流220kV　　　B.交流220V　　　C.交流380V　　　D.直流110V

答案：A

47.安装点性质为"考核"时，其安装点级别为（　）。

A.空　　　　　　　　　　　B.顶级计量点

C.次级计量点　　　　　　　D.顶级计量点或次级计量点

答案：B

48.统一社会信用代码应满足（　　）位。

A.12　　　　　　　B.14　　　　　　　C.16　　　　　　　D.18

答案：D

49.居住小区营销基础档案信息中供电电源信息不正确，易发生（　　）线路运维界面混乱、线路运维方式错误、应急处置不当等运维风险。

A.停电信息不正确　　　　　B.小区定位错误

C.故障分析不准　　　　　　D.用户统计不准

答案：A

50.居住小区营销基础档案中（　　），易造成小区档案地址不精确、地址错误等问题，引发服务人员用电地址定位错误、故障抢修不及时、增值服务偏差等服务风险。

A.小区地址不正确　　　　　B.小区地址正确

C.小区电源不正确　　　　　D.小区电源正确

答案：A

51.低压非居民用户现场普查时，应做好基础信息、现场信息、典型异常、信息调研、标签采录、（　　）等6个方面重点内容普查。

A.价格服务　　　　B.线损管理　　　　C.计量管理　　　　D.安全服务

答案：A

52.高层建筑中一类高层住宅高度大于（　　）m但不大于100m。

A.45　　　　　　　B.54　　　　　　　C.50　　　　　　　D.40

答案：B

53.居民用户坚持（　　）为主，现场抽查异常，抓实基础档案核查治理，通过"网上国网"自助核查、95598电话核查、典型异常现场普查、第三方信息交互辅助核查、标签信息共建共享等方式，有序推进普查工作。

A.现场普查　　　　B.专项普查　　　　C.线上普查　　　　D.用电检查

答案：C

54.参照 GB 50352—2019《民用建筑设计统一标准》和 GB 50016—2014《建筑设计防火规范》，将居住小区内高层住宅建筑划分为（　　）类。

A.二　　　　　　　　B.三　　　　　　　　C.四　　　　　　　　D.五

答案：B

55.居民用户计量点电压等级为 220V 的，计量点接线方式应为（　　）。

A.单相　　　　　B.三相三线　　　　　C.三相五线　　　　　D.两相三线

答案：A

56.执行"单一制"定价策略用户的基本电费计收方式应为（　　）。

A.实际最大需量　　　B.合约最大需量　　　　C.不计收　　　D.容量

答案：C

57.居民用户逾期未交付电费，自逾期之日起计算超过（　　）日，经催交仍未交付电费的，供电企业可以按照国家规定的程序停止供电。

A.15　　　　　　　B.30　　　　　　　C.45　　　　　　　D.60

答案：B

58.营销数据质量标准中，居民身份证号码的采录校验规则：不可为空，长度需满足（　　）个字符。

A.16　　　　　　　B.18　　　　　　　C.20　　　　　　　D.22

答案：B

59.居住小区变压器信息不准确的表现形式包括（　　）、变压器电源信息与实际不符、变压器站房信息与实际不符、变压器所接负荷与实际不符等。

A.变压器容量与实际不符　　　　　　　B.供电线路与实际不符

C.变压器出线数量与实际不符　　　　　D.变压器开关柜与实际不符

答案：A

60.居住小区故障抢修一键联动：基于居住小区档案信息，在发生故障停电时，通过服务信息推送，实现社区网格员、（　　）、居住小区管理人员和参与应急抢修及应急发电人员抢修服务联动。

A.居委会　　　　B.物业　　　　C.供电客户经理　　　D.应急抢修人员

答案：C

61.居民客户采用户主身份证、户口本、护照、营业执照、组织机构代码证等相关证件上的（ ）。

　　A.号码　　　　　B.标准名称　　　　　C.昵称　　　　　D.二维码

答案：B

62.停电信息一键通知：基于居住小区档案信息，在（ ）中对计划停电、故障停电等工作的应急范围进行查询、研判，实现计划停电、故障停电、应急保电等服务信息快速精准通知。

　　A.营销业务系统　　B.采集系统　　　C.调控系统　　　D.资产系统

答案：A

63.深挖客户资源和客户用能数据价值，引导客户选择带（ ）及调节功能的智能家电，推广家庭电气化应用范围，提升客户智慧用电水平。

　　A.合闸控制　　B.负荷监控　　　C.变频设备　　　D.分闸控制

答案：B

64.八大高耗能行业营业用户档案电价用电分类必须为（ ）、普通工业、非工业的一种。

　　A.大工业　　　　B.商业　　　　　C.居民生活　　　D.非居民

答案：A

65.对于具有非线性、不对称、冲击性负荷等可能影响供电质量或电网安全运行的客户，应（ ）告知其委托有资质的单位开展电能质量评估，并在设计文件审查时提交初步治理技术方案。

　　A.电话　　　　　B.微信　　　　　C.口头　　　　　D.书面

答案：D

66.35kV电压等级接入分布式电源指单个并网点总装机容量超过（ ）MW，年自发自用电量大于50%的分布式电源。

　　A.6　　　　　　B.12　　　　　　C.24　　　　　　D.48

答案：A

67.线上核查市场化属性分类核查的范围是（　　）。

A.高压用户　　　　B.低压居民　　　　C.低压非居民　　　　D.以上都是

答案：A

68.10kV及以下电压等级接入分布式电源指单个并网点总装机容量不超过（　　）MW的分布式电源。

A.3　　　　　　　　B.6　　　　　　　　C.9　　　　　　　　D.12

答案：B

69.对电量明显异常及各类特殊供电方式（如多电源、转供电等）的电力客户应每（　　）重点审核。

A.周　　　　　　　　B.月　　　　　　　　C.季　　　　　　　　D.年

答案：B

70.居住小区属性标签不准确的表现形式主要有（　　）、属性标签与实际不符。

A.电源为空　　　B.属性标签为空　　　C.地址为空　　　D.户号为空

答案：B

71.电气接线一键阅览：基于居住小区档案信息，在发生故障停电时，抢修人员可通过营销业务系统、生产业务系统或移动作业终端，快速阅览停电范围内居住小区的电源、线路、配电站、（　　）停靠位置和接入点等信息。

A.应急移动电源　　B.抢修车辆　　C.自备移动电源　　　D.电动汽车

答案：A

72.居民用户数据质量，因为系统运行故障、硬件故障、网络通信故障等技术问题，造成数据质量问题，由运维人员承担（　　）。

A.主要责任　　　　B.次要责任　　　　C.监督责任　　　　D.全部责任

答案：A

73.用户重要负荷的保安电源，可由（　　）提供，也可由用户自备。

A.设备厂家　　　B.设备经销商　　　C.政府机关　　　D.供电企业

答案：D

74.电费票据发生差错时，需要开具红字增值税发票的，必须按照（　　）有关规定执行。

A.税务　　　　　　B.工商　　　　　　C.本单位　　　　　　D.公安

答案：A

75.增值税号的逻辑校验规则是：每个企业用户的增值税号（　　）。

A.唯一　　　B.两个　　　C.三个　　　D.以上都不是

答案：A

76.居住小区典型应用场景包括（　　）一键查询、停电信息一键通知、故障抢修一键联动、电气接线一键阅览、站房设备一键定位、应急保电一键响应。

A.小区地址　　　B.小区名称　　　C.联系信息　　　D.档案信息

答案：D

77.营销数据质量标准中对增值税的核查规则是：增值税用户应有增值税信息，包含增值税号、（　　）、增值税电话、增值账号等相关信息。

A.增值税名　　　B.企业名称　　　C.联系电话　　　D.以上都是

答案：A

78.根据《供电营业规则》规定，用户在每一日历年内，可申请全部（含不通过受电变压器的高压电动机）或部分用电容量的暂时停止用电两次，每次不得少于（　　）天，一年累计暂停时间不得超过六个月。

A.二十五　　　　　B.二十　　　　　C.十五　　　　　D.十

答案：C

79.居住小区供电电源不准确的表现形式主要有：供电电源信息不规范、供电电源信息与实际不符、（　　）与实际不符、进线方式与实际不符、自备电源信息与实际不符。

A.电源性质　　　B.供电线路　　　C.电源数目　　　D.电源相数

答案：B

80.高可靠性费用收取不规范主要有新增多电源用户未收取高可靠性费用和（　　）收取高可靠性费用。

A.新增单电源用户未　　　　　B.新增低压用户未

C.未按标准收　　　　　D.新增光伏用户未

答案：C

81.对于数据治理响应不及时情况，需对相关责任人进行追责。对于产生重大影响的数据质量问题，需要在质量问题解决（　　）周内，制定问题分析及整改报告，形成典型案例。

A.一　　　　　　B.二　　　　　　C.三　　　　　　D.四

答案：A

82.（　　）后容量达不到实施两部制电价规定容量标准的，应改为相应用电类别单一制电价计费，并执行相应的分类电价标准。

A.新装　　　　　B.销户　　　　　C.增容　　　　　D.减容（暂停）

答案：D

83.在多电源和有自备电源用户线路的（　　）处，应有明显断开点。

A.低压系统接入点　　　　　B.分布式电源接入点

C.高压系统接入点　　　　　D.产权分界点

答案：C

84.居住小区联系人主要包括小区物业联系人、社区网格员、（　　）。

A.物业公司经理　　　　　B.供电客户经理

C.供电所负责人　　　　　D.社区负责人

答案：B

85.营销数据质量标准中用户选择的行业分类应为（　　）行业分类。

A.初级　　　　　B.二级　　　　　C.三级　　　　　D.最末级

答案：D

86.下面（　　）不属于营销数据质量标准中用电地址的核查规则。

A.省、市、县不能为空

B.街道办事处/乡镇、居委会/行政村不能为空

C.城区客户道路名称不能为空

D.IP属地不能为空

答案：D

87.电能计量点计量方式为高供高计，计量点接线方式可以为（　　）。

A.单相　　　　　　B.三相三线　　　　　C.三相五线　　　　　D.两相三线

答案：B

88.计量方式是高供高计，计量点电压等级不应为（　　）。

A.交流220kV　　　B.交流220V　　　　C.交流10kV　　　　D.交流110kV

答案：B

89.居民身份证号码长度为（　　）位。

A.18　　　　　　　B.32　　　　　　　C.15　　　　　　　D.20

答案：A

90."网上国网"账单数据核对的基准是（　　）。

A.省营销系统中产生时间在某一日内的全部账单数据

B.进入省公司中台时间在某一日内的全部账单数据

C.进入总部中台时间在某一日内的全部账单数据

D.进入"网上国网"业务查询库时间在某一日内的全部账单数据

答案：A

二、多项选择题

1.下面针对电压等级的线上核查规则，说法正确的是（　　）。

A.电压等级不可以为空

B.低压居民及非居民用户电压等级不能大于等于6kV

C.高压用户电压等级不能小于等于6kV

D.大工业用电不应小于110kV

答案：AB

2.下面针对城乡类别的线上核查规则，说法正确的是（　　）。

A.城乡类别应与用电类别城镇或乡村属性匹配

B.城乡类别不可为空

C.在核查城乡类别时需要核查城乡类别是否含有特殊字符

D.城乡类别不在核查范围内

答案：AB

3.以下（   ）属于用电地址的线上核查内容。

A.省、市、县　　　　　　　　B.街道办事处/乡镇、居委会/行政村

C.城市小区名称、楼栋、单元、房屋信息　　　　D.农村村庄名称

答案：ABCD

4.（   ）数据应是字符格式。

A.身份证号　　　　　　　　B.联系人姓名

C.统一社会信用代码　　　　D.合同容量

答案：AC

5.线上核查中低压居民用户档案核心信息指的是（   ）。

A.用户名称　　　　B.用电地址　　　　C.证件信息　　　　D.联系人手机号

答案：ABCD

6."网上国网"账单数据核对时,（   ）能确定总部"网上国网"数据有缺失。

A.总部"网上国网"账单数据与省侧营销系统数据相比，数据量更多，户号数量相等

B.总部"网上国网"账单数据与省侧营销系统数据相比，数据量更多，户号数量更少

C.总部"网上国网"账单数据与省侧营销系统数据相比，数据量相等，户号数量更少

D.总部"网上国网"账单数据与省侧营销系统数据相比，数据量更少

答案：BCD

7.各省（区市）要建立覆盖省、市、县各层级的地址更新机制，明确用电地址信息更新维护的（   ）与（   ）。

A.分工 B.流程 C.职责 D.界面

答案：AB

8.高低压非居民用户核心档案信息包括用户名称、用电地址、证件信息、联系人手机号码、（ ）。

A.产权分界点 B.枢纽站名称（变电站名称）

C.管线杆号（线路名称） D.配送站名称（台区名称）

答案：ABCD

9.基础数据合格率中对居民用户评价的字段为（ ）。

A.用户名称 B.用电地址 C.证件信息 D.联系人手机号

答案：ABCD

10.协同开展能效服务、电能替代、需求响应、有序充电等新业务的技术咨询、宣传引导等工作，鼓励低压居民用户在高峰时（ ）或（ ）使用大功率电器，提升用户科学用电水平。

A.减少 B.减轻 C.避免 D.禁止

答案：AC

11.开展低压用户系统与档案一致性整治。建立客户系统与档案问题立查立改机制，及时更正（ ）等信息，及时变更信息系统定比定量等相关信息，切实维护供用电双方的合法权益。

A.户变关系 B.客户表计资产号

C.互感器变比 D.用电容量

答案：ABCD

12.（ ）和（ ）应按居民生活电价执行。

A.物业公司用电 B.中小学校学生公寓

C.学生集体宿舍用电 D.政府机关用电

答案：BC

13.联系人手机号逻辑校验规则中，（ ）或（ ）的不同居民用户编号，联系人手机号码重复允许超过500户；其他情况不允许超过500户。

A.集团户 　　B.批量新装 　　C.供电企业 　　D.政府机关用电

答案：AB

14.用户名称逻辑校验规则中，居民用户应采用（　　）等相关证件上的标准名称。

A.户主身份证 　　　　B.户口本 　　　　C.护照 　　　　D.营业执照

E.组织机构代码证

答案：ABCDE

15.具备市场化属性的用户不应为（　　）和（　　）用户。

A.高压 　　　　B.居民 　　　　C.农业生产 　　　　D.低压非居民

答案：BC

16.（　　）用电执行低压居民生活用电。

A.社会福利场所生活用电 　　　　　　B.监狱监房生活用电

C.学校教学和学生生活用电 　　　　　D.宗教场所生活用电

答案：ABCD

17.居民客户数据量大、治理难度高，普查应聚焦（　　）等服务全面落地，做好基础档案核查治理。

A.提高服务质效 　　　　B.降低服务成本 　　　　C.推动停电信息推送

D.故障主动抢修

答案：ABCD

18.居民客户坚持线上普查为主，现场抽查异常，抓实基础档案核查治理，通过（　　）和标签信息共建共享等方式，有序推进普查工作。

A."网上国网"自助核查 　　　　B.95598电话核查

C.典型异常现场普查 　　　　　D.第三方信息交互辅助核查

答案：ABCD

19.低压居民及非居民用户电压等级不能（　　）6kV。

A.大于 　　　　B.小于 　　　　C.等于 　　　　D.低于

答案：AC

20.居住小区典型应用场景包括（　　）、故障抢修一键联动、电气接线一键阅览、站房设备一键定位、应急保电一键响应。

A.小区位置一键获取　　　　　　　B.档案信息一键查询

C.停电信息一键通知　　　　　　　D.来电信息一键回复

答案：BC

21.居住小区名称不准确的表现形式包括（　　）。

A.小区名称与实际名称不符　　　　B.小区名称不全

C.小区名称重复　　　　　　　　　D.小区未命名

答案：ABC

22.居住小区地址不准确的原因包括（　　）。

A.小区立户时，管理单位未提供的正确的小区地址

B.业务人员审核资料不细致，导致地址录入不全或错误

C.业务人员对管辖范围内区域不熟悉

D.营销系统无前置校验，导致异常数据未及时预警提示

答案：ABD

23.居住小区属性标签不准确的原因主要包括（　　）。

A.小区管理单位提供的属性标签错误

B.现场勘察环节未确定小区属性标签，导致业务人员判断错误

C.业务人员对小区属性标签分类理解不到位，导致标签选择错误

D.业务人员维护档案时不细致，导致录入错误

答案：ABCD

24.居住小区属性标签不准确的表现形式主要包括（　　）。

A.现场不符　　　　　　B.实际不符　　　　　　C.属性标签为空

D.属性标签与实际不符

答案：CD

25.居住小区联系信息不准确的表现形式主要包括（　　）。

A.95598电话重复　　　　　　　　　B.不同用户对应联系电话重复

C.联系电话为非标准字段　　　　　D.联系电话优先级重复

答案：BCD

26.居住小区营销基础档案信息中联系信息不正确，易发生（　　）不到位等问题，引发供电服务不准确、不规范等服务风险。

A.检修停电通知　　　　B.业务告知　　　　C.信息公开

D.增值服务推广

答案：ABCD

27.居住小区高层住宅信息不准确的表现形式主要包括（　　）。

A.高层建筑类型选择错误　　　　B.高层建筑范围选择错误

C.高层建筑数据与实际不符　　　　D.高层建筑层高不准确

答案：AC

28.居住小区供电电源信息不准确的表现形式主要包括（　　）、自备电源信息与实际不符。

A.供电电源信息不规范　　　　B.供电电源信息与实际不符

C.供电线路与实际不符　　　　D.进线方式与实际不符

答案：ABCD

29.居住小区营销基础档案信息中供电电源信息不正确，易发生（　　）等运维风险。

A.停电信息不正确　　　　B.线路运维界面混乱

C.线路运维方式错误　　　　D.应急处置不当

答案：ABCD

30.居住小区营销基础档案信息中供配电站房信息不正确，易发生（　　）等运维风险。

A.设备巡视不到位

B.小区站房消防等基础设施隐患排查不到位

C.防汛等基础设施隐患排查不到位

D.设备检修通道不畅

答案：ABCD

31.居住小区供电电源信息不准确的表现形式主要有（　　）。

 A.供电电源信息不规范   B.供电电源信息与实际不符

 C.供电线路与实际不符   D.进线方式与实际不符

 E.自备电源信息与实际不符

答案：ABCDE

32.居住小区联系人主要包括（　　）。

 A.小区物业联系人   B.社区网格员

 C.业主委员会成员   D.供电客户经理

答案：ABD

33.居住小区高层住宅建筑划分为二类高层住宅、一类高层住宅和超高层住宅。其中二类高层住宅按建筑高度划分应（　　），按建筑层数划分应（　　）。

 A.大于25m但不大于52m   B.大于27m但不大于54m

 C.大于10层但不大于18层（含） D.大于8层但不大于15层（含）

答案：BC

34.居住小区高层住宅建筑划分为二类高层住宅、一类高层住宅和超高层住宅。其中一类高层住宅按建筑高度划分应（　　），按建筑层数划分应（　　）。

 A.大于54m但不大于100m   B.大于55m但不大于100m

 C.大于18层但不大于34层（含） D.大于15层但不大于35层（含）

答案：AC

35.居住小区高层住宅建筑划分为二类高层住宅、一类高层住宅和超高层住宅。其中超高层住宅按建筑高度划分应（　　），按建筑层数划分应（　　）。

 A.大于99m   B.大于35层   C.大于100m   D.大于34层

答案：CD

36.居住小区档案信息一键查询是基于居住小区档案信息，在营销业务系统中对居住小区档案信息实现（　　）。

 A.精准查询   B.模糊查询   C.定位查询   D.组合查询

答案：ABD

37.居住区由若干个居住小区组成，以居住小区为单元开展建档工作应涵盖公司经营区范围内（　　）的居住小区。

A.各类高压 10kV 及以上公用变压器

B.专用变压器供电的居住小区

C.包括供配电设施已接收和未接收

D.供电公司运维和非供电公司运维

答案：ABCD

38.营销系统中对用户名称的逻辑校验规则是：一般工商业的高压用户应采用（　　）、企事业法人证书、统一社会信用代码证等主体资格证明上的标准名称。

A.营业执照　　　　　　　　B.组织机构代码证

C.居民身份证　　　　　　　D.税务登记证

答案：ABD

39.用户现场普查，高压用户普查重点内容包括基础信息、（　　）、信息调研、标签采录、价格服务等方面。

A.现场信息　　　B.典型异常　　　C.客户回访　　　D.优质服务

答案：AB

40.严格落实（　　）、水泥、钢铁、黄磷、锌冶炼等 7 个行业的差别电价政策，对淘汰类和限制类企业用电（含市场化交易电量）实行最高价格。

A.铁冶金　　　B.煤清洗　　　　C.电石　　　　D.烧碱

答案：ACD

41.对临时用电中，单点容量小、安装分布广、持续用电的（　　）等用户，具备装表条件的必须装表计量，确实不具备装表条件的，纳入协议定量户专项管理，签订供用电协议，明确设备数量、设备容量、定量电量等内容，按期算量算费。

A.有线电视　　　B.网络通信　　　C.交通信号灯　　　D.移动基站

答案：ABCD

42.电力客户首次申请开具增值税专用发票时，需提供加盖单位公章的（　　）等资料，经审核无误后，从申请当月起给予开具电费增值税发票，申请以前月份的电费发票已开具的不予调换。

A.营业执照复印件　　　　　　B.统一社会信用代码

C.银行开户名称　　　　　　　D.开户银行和账号

答案：ABCD

43.购电成本是指公司所属各级电网经营企业向（　　）等购电应当支付的购电费、输电费及相关费用。

A.独立发电企业　　　　　　　B.拥有自备电厂的企业

C.其他电网企业　　　　　　　D.分布式电源

答案：ABCD

44.购电成本原则上应按月确认，购、售电双方应在合同约定时间内，（　　）结算电量，计算并核实、确认应结算购电成本。

A.抄录　　　　B.核实　　　　C.确认　　　　D.录入

答案：ABC

45.专项检查服务方式主要结合季节时令用电特点、抗灾保电、政府要求等，针对（　　）、临时用电等低压重点用电客户。

A.高层住宅建筑　　B.分布式光伏　　C.煤改电　　D.农排灌溉

答案：ABCD

46.营销数据质量标准中对统一信用代码的核查规则是：统一社会信用代码用18位阿拉伯数字或大写英文字母表示，分别是1位登记管理部门代码、（　　）。

A.1位机构类别代码　　　　　　B.6位登记管理机关行政区划码

C.9位主体标识码　　　　　　　D.1位校验码

答案：ABCD

47.用户定价策略类型有（　　）。

A.单一制　　　　B.两部制　　　　C.不计算　　　　D.不考核

答案：AB

48.功率因数考核方式有（　　）。

A.不考核　　　　B.标准考核　　　　C.只奖不罚　　　　D.只罚不奖

答案：ABCD

49.基本电费计算方式包括（　　）。

A.容量　　　　　　　　　　B.实际最大需量

C.不计算　　　　　　　　　D.合约最大需量

答案：ABCD

50.市场化属性分类包括（　　）。

A.市场化　　　B.非市场化　　　C.电能替代　　　D.电能替代（市场化）

答案：ABCD

51.低压非居民用户现场普查的主要方式是，坚持（　　），辅助"网上国网"自助核查，有序推进普查工作。

A.先线上、后线下　　　　　　B.先线下、后线上

C.线上线下分步开展　　　　　D.线上线下协同推进

答案：AD

52.执行一般工商业电价的高压客户还需重点普查（　　），调研市场（　　）。

A.转供电价信息　　　　　　　B.计量点信息

C.能效服务意愿　　　　　　　D.可调节负荷潜力

答案：ACD

53.高压用户现场典型异常包括（　　）和错接线等。

A.超容　　　　B.私启　　　　C.一址多户　　　　D.窃电

答案：ABCD

54.对（　　），其业务流程处理完毕后的首次电量电费计算（或试算），高压应逐户审核、低压应抽查典型电力客户。

A.销户电力客户　　　B.新装电力客户　　　C.变更电力客户

D.电能计量装置参数变化的电力客户

答案：BCD

55.用户需要备用、保安电源时，供电企业应按其（ ），与用户协商确定。

A.负荷重要性　　　B.线路走向　　　C.供电的可能性　　　D.用电容量

答案：ACD

56.依据供电方案编制有关规定和技术标准要求，结合（ ）及当地供电条件等因素，经过技术经济比较及与客户协商一致后，拟定供电方案。

A.现场勘察结果　　B.电网规划　　　C.用电需求　　　　D.客户要求

答案：ABC

57.对于具有（ ）等可能影响供电质量或电网安全运行的客户，应书面告知其委托有资质单位开展电能质量评估，并在设计文件审查时提交初步治理技术方案。

A.非线性　　　　　B.不对称　　　　C.冲击性负荷　　　D.不稳定运行

答案：ABC

58.用电安全检查服务分为（ ）。

A.定期安全服务　　　　　　　B.专项安全服务

C.高危及重要客户检查　　　　D.特殊性安全检查服务

答案：ABD

59.专项安全服务是指每年（ ）的安全检查及根据工作需要安排的专业性检查诊断，检查重点是客户受(送)电装置的防雷防汛情况、设备电气试验情况、继电保护和安全自动装置等情况。

A.春季　　　　　　B.夏季　　　　　C.秋季　　　　　　D.冬季

答案：AC

60.合同容量指供电部门许可并在供用电合同中约定的用户（ ）。对居民用户而言，指装设的（ ）。

A.受电设备总容量　　　　　　B.家用电器总容量

C.电能表表量　　　　　　　　D.互感器容量

答案：AC

三、判断题

1.临时用电逾期不办理延期或永久性正式用电手续的，供电企业应终止供电。

答案：正确

2.数字化供电所建设中"一账号"指每位员工都有可登录各个专业系统处理各项工作所需的所有账号。

答案：错误

> 解析：数字化供电所建设中"一账号"指每位员工都有可登录各个专业系统处理各项工作所需的唯一账号。

3.数字化供电所建设中"一工具"指一套可减少重复操作的流程机器人工具，赋能基层员工减负提效。

答案：正确

4.居住小区联系人包括小区物业联系人、社区网格员。

答案：错误

> 解析：有物业居住小区联系人包括小区物业联系人、社区网格员、供电客户经理；弃管小区联系人包括社区网格员、供电客户经理。

5.档案信息一键查询是指基于居住小区档案信息，在营销业务系统中对居住小区档案信息实现精准查询。

答案：错误

> 解析：档案信息一键查询是指基于居住小区档案信息，在营销业务系统中对居住小区档案信息实现精准、模糊和组合查询。

6.行业分类是指根据行业标准编码表划分的从事国民经济中同性质的生产或其他经济社会的经营单位或个体的组织结构体系。

答案：正确

7.用电客户正在使用的合同容量。一般情况下，合同容量与运行容量是一致的，但专用变压器用户如办理了减容或暂停等业务时，运行容量会与合同容量不一致，在减容或暂停期间其运行容量等于合同容量减去已减容或暂停的容量。

答案：正确

8.营销系统中对运行容量的采录校验规则是不可为空；有效位数18位，小数位6位。

答案：错误

> 解析：营销系统中对运行容量的采录校验规则是不可为空；有效位数16位，小数位6位。

9.用户电压等级为高压的，主计量点计量方式不应为低供低计。

答案：正确

10.营销系统中计量方式按计量装置设置点分为高供高计、低供高计和低供低计。

答案：错误

> 解析：营销系统中计量方式按计量装置设置点分为高供高计、高供低计和低供低计。

11.营销系统中应收电费是指用户在一个计费周期内，承担的电能使用相关费用。应收电费属于用户电费信息，存在于用户每个结算周期（一般为一个月）的电费清单中。

答案：正确

12.营销基础档案中居住小区地址不正确，易造成小区档案地址不精确、地址错误等问题，引发服务人员用电地址定位错误、故障抢修不及时、增值服务偏差等服务风险。

答案：正确

13.营销基础档案信息中居住小区属性标签选择错误，不会导致数据统计错误、小区增值服务不到位，引发供电服务风险和工作计划制定偏差。

答案：错误

解析：营销基础档案信息中居住小区属性标签选择错误，会导致数据统计错误、小区增值服务不到位，引发供电服务风险和工作计划制定偏差。

14.营销基础档案信息中居住小区供电电源信息不正确，易发生用电信息不正确、线路运维界面混乱、线路运维方式错误、应急处置不当等运维风险。

答案：错误

解析：营销基础档案信息中居住小区供电电源信息不正确，易发生停电信息不正确、线路运维界面混乱、线路运维方式错误、应急处置不当等运维风险。

15.营销系统中对运行容量的逻辑校验规则是运行容量大于零，运行容量不应大于合同容量，暂停用户运行容量为零。

答案：正确

16.供电企业向有重要负荷的用户提供保安电源，应符合独立电源的条件。有重要负荷的用户在取得供电企业供给的保安电源的同时，还应有非电性质的应急措施，以满足安全需要。

答案：正确

17.用户不得自行转供电。在公用供电设施尚未到达的地区，供电企业征得该地区有供电能力的直供用户同意，可采用委托方式向其附近的用户转供电力，但不得委托重要的国防军工用户转供电。

答案：正确

18.为保障用电安全，便于管理，用户应将重要负荷与非重要负荷、生产用电与生活区用电分开配电。

答案：正确

19.新建受电工程项目在验收阶段，用户应与供电企业联系，就工程供电的可能性、用电容量和供电条件等达成意向性协议，方可定址，确定项目。

答案：错误

解析：新建受电工程项目在立项阶段，用户应与供电企业联系，就工程供电的可能性、用电容量和供电条件等达成意向性协议，方可定址，确定项目。

20. 如因供电企业供电能力不足或政府规定限制的用电项目，供电企业可通知用户暂缓办理。

答案：正确

21. 减容（暂停）后容量达不到实施两部制电价规定容量标准的，仍执行两部制电价，并执行相应的分类电价标准。

答案：错误

解析：减容（暂停）后容量达不到实施两部制电价规定容量标准的，应改为相应用电类别单一制电价计费，并执行相应的分类电价标准。

22. 减容（暂停）后执行最大需量计量方式的，合同最大需量按照减容（暂停）后的总容量申报。

答案：正确

23. 完善两部制电价制度，两部制电力用户可自愿选择按变压器容量或合同最大需量交纳电费，也可选择按实际最大需量交纳电费。

答案：正确

24. 在现场普查过程中，对铁冶金、电石、烧碱、水泥、钢铁、黄磷、锌冶炼等用电行业用户进行核实，发现用户执行电价为淘汰类和限制类企业用电的，若用户为市场化交易用户或执行电价非最高电价，通知用户进行整改。

答案：正确

25. 严格执行电费收交和财务制度，加强电费回收风险控制，保证资金安全、准确、全额、按期收交。

答案：正确

26. 周期巡视方式主要结合计量设备主人制工作，按照周期巡视计划开展低压电能计量装置检查、低压用电安全检查服务、窃电及违约用电检查等相关工作，原则上每年开展一次。

答案：正确

27.高压用户基础信息重点核对检查用电户名、用电地址、证件信息、联系方式、合同与运行容量、行业分类、用电类别、负荷分类、重要性等级。

答案：正确

28.高压用户坚持先线上、后线下，重点依托现场普查，聚焦典型问题，有序推进普查工作。

答案：正确

29.营销现场作业开展的普查工作，可用工作票并增加营销普查相关安全措施。

答案：错误

解析：营销普查现场作业应根据普查客户的具体电压等级和现场情况，使用现场作业工作卡。

30.现场普查人员在进入设备带电、交叉跨越等现场时，应先充分了解并核准现场设备运行情况及风险点，采取有效防护措施。

答案：正确

31.各单位应细化现场普查工作规范，做好现场普查与服务各项工作保障。通过现场定位、现场拍照、表码扫描等技术手段的应用，监督基层单位现场普查地实施，防范现场走过场等弄虚作假行为。

答案：正确

32.现场普查过程中，对联系方式、证件、标签等基础档案信息存在异常的，应收集相关信息，通过采集业务应用系统流程做好闭环整改。

答案：错误

解析：现场普查过程中，对联系方式、证件、标签等基础档案信息存在异常的，应收集相关信息，直接通过普查工具更新。

33.现场普查过程中，对用户名称、定价策略、电价、电能表、互感器等用户关键档案存在异常的，以及现场无法整改或设备存在缺陷类问题的，应现场收集或取证必要资料，直接通过普查工具更新。

答案：错误

> 解析：现场普查过程中，对用户名称、定价策略、电价、电能表、互感器等用户关键档案存在异常的，以及现场无法整改或设备存在缺陷类问题的，应现场收集或取证必要资料，在普查工具中做好记录，通过营销业务应用系统流程做好闭环整改。

34.营销现场普查应纳入营销现场作业安全管控体系，做到与营销现场作业安全管理"同标准、同要求、同考核"。

答案：正确

35.现场普查人员按照事先编制的普查计划或结合巡视检查、周期核抄、市场拓展等日常重点工作，逐项开展现场普查。

答案：正确

36.各单位普查过程中可结合网格化服务，争取共享社区客户基础信息，对用电户名、用电地址、联系方式、证件信息等基础档案开展核查比对，持续更新。

答案：正确

37.发电企业重点普查内容包括：用电户名、用电地址、证件信息、联系方式、购售电层级、电压等级、隶属集团、发电消纳方式、发电类型、机组信息。

答案：正确

38.对照普查任务工单信息，逐项核对用户户名、地址、联系方式、行业分类、主体资格证明等基础档案信息，对档案信息异常的，应现场收集、完善用户相关档案信息。

答案：正确

39.建立合同核查流程。现场普查前应核查用户供用电合同是否完整，对于不完整、不规范的，系统补签合同，确保"现场、合同、系统"准确一致。

答案：错误

解析：建立合同核查流程。现场普查前应核查用户供用电合同是否完整，对于不完整、不规范的，现场普查补签合同，确保"现场、合同、系统"准确一致。

40.通过线上线下两种方式，普查公司经营区内全量分布式电源用户、电厂企业用户、自备电厂用户。现场抽查大电量、户变关系异常、城乡接合部、煤改电等居民用户。

答案：错误

解析：通过线上线下两种方式，普查公司经营区内全量高压用户、低压非居民用户（含执行居民电价的非居民用户）、分布式电源用户、电厂企业用户、自备电厂用户。现场抽查大电量、户变关系异常、城乡接合部、煤改电等居民用户。

41.现场普查依托移动作业应用，结合日常工作有序安排普查进度，合理编制普查计划（线上普查异常优先纳入现场普查计划），生成现场普查工单。

答案：正确

42.普查工具基于营销1.0系统主数据模型，构建线上线下普查闭环体系，以数字化手段助力营销普查、规范质量、效率提升。

答案：错误

解析：普查工具基于营销2.0系统主数据模型，构建线上线下普查闭环体系，以数字化手段助力营销普查、规范质量、效率提升。

43.普查过程中，用户需要备用、保安电源时，供电企业应按其负荷重要性、用电容量和供电的可能性，自行确定。

答案：错误

解析：普查过程中，用户需要备用、保安电源时，供电企业应按其负荷重要性、用电容量和供电的可能性，应与用户协商确定。

44.基建工地施工用电属非工业电价，其中不包括施工照明。

答案：错误

> 解析：基建工地施工用电属非工业电价，包括施工照明。

45.中小学校学生公寓和学生集体宿舍用电一律按居民生活电价执行。

答案：正确

46.现场普查过程中发现伪造或开启供电企业加封的用电计量装置封印用电的，属于违约用电。

答案：错误

> 解析：现场普查过程中发现伪造或开启供电企业加封的用电计量装置封印用电的，属于窃电行为。

47.客户用电设备容量在100kW及以下或需要变压器容量在50kVA及以下者，可采用低压三相四线制供电，特殊情况也可采用高压供电。

答案：正确

48.居住小区属性标签不准确的表现形式主要有未确定小区属性标签、对小区属性标签分类理解不到位。

答案：错误

> 解析：居住小区属性标签不准确的表现形式主要有属性标签为空、属性标签与实际不符。

49.居住小区地址不准确的表现形式主要有未提供正确的小区地址、业务人员审核资料不细致。

答案：错误

> 解析：居住小区地址不准确的表现形式主要有小区地址与实际地址不符、小区地址不全。

50.居住小区名称不准确主要有多数老旧小区前期无人管理、新物业公司接收后未及时办理过户更名手续。

答案：错误

解析：居住小区名称不准确主要有小区名称与实际名称不符、小区名称不全、小区名称重复。

51.营销基础档案信息中居住小区名称不正确，易造成小区选择错误、相关增值服务不到位等问题，影响客户的获得电力便利度，易引发客户服务风险。

答案：正确

52.已普查数据质量合格率是对居民用户的用户名称、用电地址、证件信息、联系人手机号等四个字段进行评价。

答案：错误

解析：已普查数据质量合格率是对居民用户、非居民用户的全量字段根据《营销数据质量标准》进行评价。

53.管线杆号是反映用户计量点对应线路所连接电源的线路。

答案：错误

解析：管线杆号是反映用户受电设备所连接供电线路名称。

54.配送站名称是指用户供电电源所属台区名称。

答案：正确

55.枢纽站名称是指用户供电电源所属变电站名称。

答案：正确

56.居住小区联系人主要包括小区物业联系人、社区网格员、供电客户经理。

答案：正确

57."一平台"是指员工可通过现场作业只需携带一个融合各专业现场作业应用的手持装备开展相关工作。

答案：错误

解析："一平台"是指员工可通过登录一个全业务平台跳转至其工作所需的各个专业系统并开展相关工作，无须二次登录。

58.超容用电是指用电客户超过实际运行容量超过约定容量105%（即超容比

例大于5%）的客户。

答案：错误

> 解析：超容用电是指用电客户私自超过合同约定容量用电的行为。

59.临时用电超期是指用户超临时用电合同约定期限用电，未根据实际用电情况及时续签合同或办理其他相关用电业务。

答案：正确

60.普查问题整改包括立查立改和问题跟踪整改两部分。

答案：错误

> 解析：普查问题整改包括现场问题整改和线上问题整改两部分。

61.高压用户现场典型异常包括超容、私启、一址多户、窃电、错接线等。

答案：正确

62.根据文件通知将现行销售电价逐步归并为居民家庭住宅及机关、部队、学校、企事业单位集体宿舍五个类别。

答案：错误

> 解析：根据文件通知将现行销售电价逐步归并为居民生活用电、农业生产用电和工商业及其他用电价格三个类别。

63.现场普查要重点做好线上核查、线上检查和线上调查等三项工作。

答案：错误

> 解析：现场普查要重点做好现场核查、现场检查、现场调研和服务等三项工作。

64.分布式电源用户现场普查的主要方式，一是通过全国统一电力市场交易平台；二是通过电力调度自动化平台。

答案：错误

> 解析：分布式电源用户现场普查的主要方式，一是对营销业务应用系统关联高低压正常用电客户的分布式电源客户，二是对营销业务应用系统未关联高低压正常用电客户的全量上网分布式电源客户。

65.高可靠性费用收取不规范主要有新增多电源用户未收取高可靠性费用和未按标准收取高可靠性费用。

答案：正确

66.依据政府规定，在现场核实用户用电户名、用电地址、证件信息、联系方式后，严格按高可靠性费用标准收取。

答案：错误

> 解析：依据政府规定，在现场核实用户实际用电情况（电压等级、用电容量、电源数量）后，严格按高可靠性费用标准收取。

67.临时用电超期未处理的表形式主要有用户超临时用电合同约定期限用电，未根据实际用电情况及时续签合同或办理其他相关用电业务。

答案：错误

> 解析：临时用电超期未处理的表形式主要有临时用电超期未续签合同、临时用电超期合同签订错误、临时用电超期未及时销户和现场已非临时用电。

68.漏收基本电费的表现形式主要有大工业用户私自启用暂停、减容的配电变压器；用户私自变更用电性质。

答案：错误

> 解析：漏收基本电费的表现形式主要有新装（增容）大工业用户现场送电时间早于系统送电时间；工业用户存在一址多户且用电设备容量累计超过315kVA。

69.居住小区典型应用场景包括档案信息一键查询、停电信息一键通知、故障抢修一键联动、电气接线一键阅览、站房设备一键定位、应急保电一键响应。

答案：正确

70.用电方受电设备所处的地理位置，包括省、市、县（区）、街道（乡、镇）、居委会（行政村）和详细位置（道路、小区、门牌号）。

答案：正确

71.低压居民用户核心档案信息包括证件信息、联系人手机号码、产权分界点、枢纽站名称等四个字段。

答案：错误

解析：低压居民用户核心档案信息包括用户名称、用电地址、证件信息、联系人手机号等四个字段。

72.营销系统中对联系人手机号的采录校验：不可为空；数值类型，有效位数11位。

答案：正确

73.进线方式是指用电客户受电设备与供电线路连接的输电方式。

答案：正确

74.居住小区高层住宅不准确的表现形式主要有高层建筑类型选择错误、高层建筑数据与实际不符。

答案：正确

75.申请新装用电、临时用电、增加用电容量、变更用电和终止用电，均应到当地供电企业办理手续。

答案：正确

76.普查人员现场普查时应告知用户负荷性质与实际用户设备是否相符，是否存在使用有冲击负荷、波动负荷、非对称负荷等设备的情况。

答案：错误

解析：普查人员现场普查时应告知用户定期进行电气设备和保护装置的检查、检修和试验，消除设备隐患，预防电气设备事故和误动作发生。

77.普查人员通过对接函、介绍信等方式与社区、街道、物业等单位对接沟通，取得第三方单位的认可同意，签订双方要求的保密材料，从而获取对应户主的相关信息。

答案：正确

78.执行一般工商业电价的高压客户还需重点检查农产品初加工、秸秆初加工等其他农业生产电价执行准确性，以及高价低接、违规转供等违约用电行为。

答案：错误

解析：执行一般工商业电价的高压客户还需重点普查转供电加价信息，调研市场能效服务意愿、可调节负荷潜力。

79.在办电流程录入环节中嵌入联系人手机号强制校验规则；在办电流程中嵌入数据质量逻辑校验规则，对多次采录的客户联系信息进行校核。

答案：正确

80.居民身份证号应满足18位。

答案：正确

81.行业分类八大高耗能营业户档案电价用电分类必须为大工业、普通工业、非工业的一种。

答案：正确

82.计量点的计量方式为低供低计的，计量点接线方式不应为三相三线。

答案：正确

83.低压居民用户计量方式可为高供低计。

答案：错误

解析：低压居民用户计量方式可为低供低计。

84.用户供电电压为10kV且其计量点的计量方式为高供低计，计量点接线方式不应为三相三线。

答案：正确

85.停用受电设备不应算在合同容量内。

答案：错误

> 解析：停用受电设备应算在合同容量内。

86.用户供电电压为高压，主计量点计量方式可为低供低计。

答案：错误

> 解析：用户供电电压为高压，主计量点计量方式可为高供低计。

87.用户定价策略类型为两部制时，电价用户合同容量不应小于315kVA。

答案：正确

88.执行大工业"两部制"电价码，档案运行容量不应大于315kVA。

答案：错误

> 解析：执行大工业"两部制"电价码，档案运行容量应大于315kVA。

89.执行"两部制"定价策略用户基本电费计收方式不应为"不计收"。

答案：正确

90."网上国网"账单数据对账时，只要总部"网上国网"数据量大于省侧营销系统中数据量，即可认为账单数据没有缺失。

答案：错误

> 解析："网上国网"账单数据对账时，只要总部"网上国网"数据量大于省侧营销系统中数据量，即可认为账单数据有缺失。

四、简答题

1.请简述普查工作各方式的主要内容。

答：普查工作可通过线上线下两种方式进行，普查公司经营区内全量高压用户、低压非居民用户（含执行居民电价的非居民用户）、分布式电源用户、电厂企业用户、自备电厂用户。线上普查居民用户基础档案信息，现场重点抽查大电量、户变关系异常、城乡接合部、煤改电等居民用户。

2.请简述低压居民用户核心档案信息主要内容。

答：低压居民用户核心档案信息包括用户名称、用电地址、证件信息、联系人手机号等四个字段。

3.请简述普查现场作业的安全防控要求。

答：（1）做好关键风险点辨识与防控。严防人身触电风险、严防误入带电区域、严防电弧灼伤风险、严防气体中毒（窒息）风险、严防意外伤害风险、严防操作不当风险、严防现场人员冲突风险。

（2）做好现场普查作业安全要求。强化普查计划管控、强化普查安全培训、强化普查队伍管控、强化普查人员管控、强化现场风险管控、建立监督检查机制。

4.请简述临时用电超期的定义。

答：临时用电超期是指用户超临时用电合同约定期限用电，未根据实际用电情况及时续签合同或办理其他相关用电业务。

5.请简述居民用户营销普查的主要方式。

答：居民用户坚持线上普查为主，现场抽查异常，抓实基础档案核查治理，通过"网上国网"自助核查、95598电话核查、典型异常现场普查、第三方信息交互辅助核查、标签信息共建共享等方式，有序推进普查工作。

6.请简述数字化供电所建设原则。

答：数字化供电所建设原则是坚持顶层设计与因地制宜、坚持试点示范与分步推广、坚持资源利旧与架构统一、坚持统筹兼顾与实用实效。

7.请简述数字化供电所建设中"一平台"的定义。

答："一平台"是指员工可通过登录一个全业务平台跳转至其工作所需的各个专业系统并开展相关工作，无须二次登录。

8.请简述数字化供电所建设中"一工单"的定义。

答："一工单"是指一个汇集了各业务系统常用工单的工单池，通过工单池，实现各系统工单统一预警、一屏通览，支持直接跳转至原有系统处理工单，支撑绩效线上评价。

9.请简述居住小区高层住宅建筑类别的划分原则。

答：高层住宅建筑是指建筑高度大于27m或建筑层数大于10层（含）的住宅建筑。参照GB 50352—2019《民用建筑设计统一标准》和GB 50016—2014《建筑设计防火规范》，将居住小区内高层住宅建筑划分为二类高层住宅、一类高层住宅和超高层住宅。

按建筑高度划分：二类高层住宅高度应大于27m但不大于54m；一类高层住宅高度应大于54m但不大于100m；超高层住宅高度应大于100m。

按建筑层数划分：二类高层住宅层数应大于10层但不大于18层（含）；一类高层住宅层数应大于18层但不大于34层（含）；超高层住宅层数应大于34层。

10.请简述居住区建档范围。

答：居住区由若干个居住小区组成，涵盖公司经营区范围内各类高压10kV及以上公用变压器、专用变压器供电的居住小区，包括供配电设施已接收和未接收，供电公司运维和非供电公司运维的居住小区。

11.请简述高低压非居民用户核心档案信息的主要内容。

答：高低压非居民用户核心档案信息包括用户名称、用电地址、证件信息、联系人手机号码、产权分界点、枢纽站名称（变电站名称）、管线杆号（线路名称）、配送站名称（台区名称）等八个字段。

12.请简述营销档案数据中用电地址的定义。

答：用电地址指用电方受电设备所处的地理位置，包括省、市、县（区）、街道（乡、镇）、居委会（行政村）和详细位置（道路、小区、门牌号）。

13. 请简述营销系统中对联系人手机号的校验规则。

答：（1）采录校验：不可为空；数值类型，有效位数11位。

（2）逻辑校验：应属于运营商通信功能号段；集团户或批量新装的不同居民用户编号，联系人手机号码重复允许超过500户，其他情况不允许超过500户。

14. 请简述营销档案数据中城乡类别的定义。

答：城乡类别是划分城乡的重要标识和依据，以国务院关于市镇建制的规定和行政区划为划分基础，以民政部门确认的社区居民委员会、村民委员会辖区及类似村级地域为划分对象，以政府驻地的实际建设与周边区域的连接状况为划分依据。城乡类别划分采用城乡属性判断法进行，即先根据实际建设判断村级单位的城乡属性，再根据村级单位所在的统计区域和城乡属性综合判断出村级单位的城乡类别。

15. 请简述营销档案数据中非居民用户合同容量的定义。

答：非居民用户合同容量指供电部门许可并在供用电合同中约定的用户受电设备总容量。对居民用户而言，合同容量指装设的电能表表量；对低压用户而言，合同容量指允许装接的用电设备容量；对高压用户而言，合同容量指直接接在受电电压线路上的变压器和直配高压电动机容量之和。双电源或多电源用户，应按每路电源可接入容量的最大可能值之和计算。

16. 请简述现行营销系统中对用户电价的划分原则。

答：现行营销系统按用户用途辅以容量大小，分为生活照明用电、非工业用电、普通工业用电、大工业用电及农业用电等大类，分别计价。

17. 请简述营销档案数据中枢纽站名称的定义。

答：枢纽站名称是指用户供电电源所属变电站的名称。

18.请简述营销档案数据中管线杆号的定义。

答：管线杆号是指用户受电设备所连接供电线路的名称。

19.请简述营销系统中总电量的定义。

答：总电量是指用户每个计费周期消费的总电能数量，包括用户的用电量、变损、线损电量及依法追/退电量。用户总电量属于用户电费信息，存在于用户每个结算周期（一般为一个月）的电费清单中。

20.请简述线上普查应重点做好的工作。

答：线上普查要重点做好线上核查、线上检查和线上调查等三项工作。

21.请简述产生用户名称不准确的原因。

答：（1）用户申请办电和业务变更过程中，提供的用户名称不规范，导致业务人员填写错误。

（2）用户证件信息变更，未及时到供电公司办理相关业务，导致用户名称不准确。

（3）营销业务应用系统无强制、逻辑校验，导致异常数据未及时提示。

（4）现场检查不到位，未及时发现用户名称变更。

22.请简述居住小区名称不准确的影响范围。

答：营销基础档案信息中居民小区名称不正确，易造成小区选择错误、相关增值服务不到位等问题，影响客户获得电力便利度，引发客户服务风险。

23.请简述居住小区地址不准确的表现形式。

答：（1）小区地址与实际地址不符。

（2）小区地址不全。

24.请简述产生居住小区类型不准确的原因。

答：（1）现场勘察环节未确定小区供电类型，导致业务人员判断错误。

（2）业务人员对小区类型定义模糊，导致标签选择错误。

（3）业务人员维护档案时不细致，导致录入错误。

25.请简述预防居住小区线站变关联信息不准确的方法。

答：（1）在办电环节提示小区线站变关联字段校验规则。

（2）在业务变更流程中嵌入数据质量逻辑校验规则，对小区线站变关联信息进行逻辑校核。

（3）及时同步小区线站变关联信息，对营销业务应用系统和GIS系统中供电电源信息进行比对校核。

（4）定期开展现场检查，对用户实际小区线站变关联信息与档案信息进行比对校核。

26.请简述居住小区负荷信息不准确的影响范围。

答：营销基础档案信息中居住小区负荷信息涉及的负荷分级、负荷容量配置等信息不准确、不完善，导致电源不能按要求配置、设备容量配置不满足要求，易影响正常供电，引发供电服务风险。

27.请简述用户现场普查中高压用户普查现场应重点核对信息。

答：应重点核对检查站房环境、供电电源（电源性质、运行方式、产权分界点）、受电设备（铭牌容量、主备性质、运行状态）、计量装置（计量方式、电能表选型与配置、互感器选型与变比）、电价执行、营配贯通信息。

28.请简述一般工商业高压用户应采用的证件标准名称。

答：一般工商业的高压用户应采用营业执照、组织机构代码证、税务登记证、企事业法人证书、统一社会信用代码证等主体资格证明上的标准名称。

29. 请简述营销客户档案中用户的状态。

答：营销客户档案中用户状态有正常用电用户、当前新装用户、当前变更用户、已销户用户。

30. 根据《国家电网公司营销专业客户敏感信息脱敏规范》，请简述信息脱敏的原则。

答：（1）最小化原则：只保留业务需要的最少敏感信息。

（2）最大化原则：尽可能多地对敏感信息进行脱敏。

（3）源端化原则：在敏感信息服务器源端进行脱敏。

31. 根据《国家电网公司营销专业客户敏感信息脱敏规范》，请简述敏感信息的分类。

答：对客户敏感信息进行梳理，归纳形成名称、地址、联系信息、证件、资产、金融六大类。

32. 请简述居住小区联系人的种类。

答：居住小区联系人主要包括小区物业联系人、社区网格员、供电客户经理。

33. 请简述居住小区的典型应用场景。

答：居住小区典型应用场景包括档案信息一键查询、停电信息一键通知、故障抢修一键联动、电气接线一键阅览、站房设备一键定位、应急保电一键响应。

34. 请简述预防居住小区供配电站房信息不准确的方法。

答：（1）在新装环节对相关字段进行重点提示，并进行事前告知。

（2）在业务流程的录入环节中嵌入数据质量校验规则进行事中校验。

（3）在业务流程中增加提供现场图片作为判定支撑。

（4）将日常站房运维情况及时录入站房环境信息。

35. 请简述居住小区变压器信息不准确的表现形式。

答：（1）变压器容量与实际不符。

（2）变压器电源信息与实际不符。

（3）变压器站房信息与实际不符。

（4）变压器所接负荷与实际不符。

36. 请简述居住小区供电电源信息不准确的影响范围。

答：居住小区营销基础档案信息中供电电源信息不正确，易发生停电信息不正确、线路运维界面混乱、线路运维方式错误、应急处置不当等运维风险。

37. 请简述计算单个非居民用户档案数据质量的合格率的方法。

答：用户档案数据质量合格率＝1－产生问题的规则数/规则总数×100%。

38. 请简述计算居民档案核心数据质量合格率的方法。

答：先对居民用户核查统计得出居民用户的用户名称、用电地址、身份证号、联系人手机号码四个数据项的合格率，再取均值即可得出居民档案核心数据质量合格率。

39. 请简述计算档案核心数据质量合格率的方法。

答：档案核心数据质量合格率＝居民用户（核心字段）合格率×30%+非居民用户合格率（核心字段）×50%+居住小区合格率×20%。

40. 请简述"网上国网"用户档案核心信息。

答："网上国网"用户档案核心信息包括用户名称、注册地址、用户手机号、注册渠道、绑定户号信息、账号密码、生物识别信息、证件信息等。

五、论述题

1.销户余额营销界面清理流程是什么?

答：通过书面告知书、电话告知、媒体公告等方式履行告知程序。根据客户提供的相关资料完成结余电费退费。对于已销户但用户明确表示放弃结余电费债权的，在履行完告知程序且用户签订"结余电费放弃申领说明书"后，可申请结余电费转销。对于已销户用户未明确表示放弃结余电费债权但又不配合提供相关资料的；销户3年及以上，且无法通过预留在营销系统中的联系方式联系到用户的，可通过登报、公告等线上线下渠道进行告知，对公告满30天后仍未办理销户余额退费的，在保留佐证材料后，可申请结余电费转销；销户3年以内，通过电话、微信或登报、公告等线上线下渠道告知，对公告满30天后仍未办理销户余额退费的，在保留佐证材料后，可申请结余电费转销。

2.如何预防联系人手机号不准确问题?

答：（1）系统中：在办电环节提示联系人手机号信息字段校验规则；在办电流程的录入环节中嵌入自身强制校验规则；在办电流程中嵌入数据质量逻辑校验规则，对多次采录的客户联系信息进行校核。

（2）日常工作中：定期对零散客户（非批量、集团客户）同一联系号码超20户的情况进行甄别；对于无户主信息的客户，基于"网上国网"的户主绑定信息数据，获取"网上国网"的客户信息，回填完善营销系统；定期批量发送短信验证，对已停机或客户反馈错号等电话缺失情况进行现场核实整改；通过用户名称、证照信息与第三方渠道开展实名制信息共享，审核后实现联系人手机号动态更新。

3.如何预防用电（发电）地址不准确问题?

答：（1）系统中：在办电环节提示用电（发电）地址信息字段校验规则；在办电流程的录入环节中嵌入自身强制校验规则；在办电流程中嵌入数据质量

逻辑校验规则，对多次采录的客户地址信息进行校核；通过用户名称、证照信息匹配第三方地理位置信息，对系统用电地址动态更新。

（2）日常工作中：定期开展现场检查，对用户实际用电地址和系统用电地址进行比对校核。

4. 如何预防城乡类别不准确问题？

答：（1）系统中：在办电环节提示城乡类别信息字段校验规则；在办电流程的录入环节中嵌入自身强制校验规则；在办电流程中嵌入数据质量逻辑校验规则，对采录的客户城乡类别和用电地址进行校核。

（2）日常工作中：通过客户产权证标注的住所地址与规划部门划定的农村和城市区域进行比较，对明显不符合区域属性的通知客户到供电企业办理相应手续；定期按照中华人民共和国民政部 发布的地址码与档案中客户用电地址比对，判断城乡类别异常；定期开展现场检查，对用户实际用电地址所处城乡位置和系统城乡类别进行比对校核。

5. 如何预防居住小区名称不准确问题？

答：（1）系统中：在业务流程录入环节进行事中校验，并在系统小区名称中增加不能存在同样名称的校验规则，如出现重复小区名称时进行事前告知。

（2）日常工作中：在业务受理环节与用户进行确认，并仔细校核；定期开展现场核查工作，对辖区内居民区用户建立台账信息，及时更新档案缺失和错误问题；要求台区经理及时掌握辖区内居住小区最新信息。

6. 如何预防居住小区供电电源信息不准确？

答：在小区新装环节对相关字段进行重点提示，并进行事前告知；在业务流程的录入环节嵌入数据质量校验规则，进行事中校验；增加提供现场图片作为判定支撑；居住小区自备应急电源信息中，自备电源型号作为必须录入项，并增加设备图片信息作为佐证材料；居住小区供电电源信息与其所属台区用户线路进行强校验或智能匹配功能，避免因人为原因导致供电线路信息录入错误。

7. 如何预防供电（并网）电压不准确问题？

答：（1）系统中：在办电环节提示供电（并网）电压信息字段校验规则；在办电流程的录入环节中嵌入自身强制校验规则；在办电流程中嵌入数据质量逻辑校验规则，对采录的客户供电电压和用电类别、计量方式进行校核；特殊情况需列出。如针对执行大工业电价的充电桩，在系统中需增加可供选择的0.4kV电压选项。

（2）日常工作中：定期进行数据稽查，及时发现漏洞并修正，将营销业务应用系统用户电源信息推送至设备（资产）运维精益管理系统（PMS）进行线路挂接时，系统进行自校验，校验用户电压等级与线路电压等级是否一致；定期开展现场检查，对用户实际供电电压与用电类别、计量方式进行比对校验。

8. 如何预防合同（装机）容量不准确问题？

答：（1）系统中：在办电环节提示合同（装机）容量字段校验规则；在办电流程的录入环节中嵌入自身强制校验规则；在办电流程中嵌入数据质量逻辑校验规则，对采录的客户合同容量和用电类别、运行容量、供电电压、功率因数考核标准进行逻辑校核。

（2）日常工作中：在办电流程送电前，业务人员应现场核对配电变压器容量；定期开展现场检查，对用户实际用电容量与档案合同容量进行比对校核。

9. 如何预防运行容量不准确问题？

答：（1）系统中：在业务变更环节提示运行容量信息字段校验规则；在业务变更流程的录入环节中嵌入自身强制校验规则；在业务变更流程中嵌入数据质量逻辑校验规则，对采录的客户运行容量和用电类别、合同容量、功率因数考核标准进行逻辑校核。

（2）日常工作中：在业务变更流程送电前，业务人员应现场核对客户用电设备容量；定期开展现场检查，对用户实际用电容量与档案运行容量进行比对校核。

10. 如何预防增值税信息不准确问题？

答：（1）系统中：在办电和业务变更环节提示增值税信息字段校验规则；在办电和业务变更流程的录入环节中嵌入自身强制校验规则；在办电和业务变更流程中嵌入数据质量逻辑校验规则，对选择的增值税信息和用户名称进行逻辑校核。

（2）日常工作中：在客户申请增值税开票时对该信息进行重点提示、校核，确保与营销业务应用系统用户名称一致；建立与税务部门的信息共享机制，定期进行数据比对，发现异常数据主动联系客户核实并办理变更手续；定期开展现场检查，对客户增值税信息与档案信息进行比对校核。

11. 如何防范电价变更执行不规范？

答：（1）工作人员应事先熟悉用户基本情况，查勘中核实用户申报资料与现场的一致性，了解实际的用电类别、所属行业，确定应执行的电价、功率因数考核标准等信息。

（2）工作人员应核实客户执行定量、定比、线损、变损的必要性，按现场情况核实计算参数，履行审批手续，并定期复核。

12.《供电营业规则》中对违约用电是如何规定的？

答：根据《供电营业规则》第一百条，危害供用电安全、扰乱正常供用电秩序的行为，属于违约用电行为。供电企业对查获的违约用电行为应及时予以制止。有下列违约用电行为者，应承担相应的违约责任：①在电价低的供电线路上，擅自接用电价高的用电设备或私自改变用电类别的，应按实际使用日期补交其差额电费，并承担二倍差额电费的违约使用电费；使用起讫日期难以确定的，实际使用时间按三个月计算；②私自超过合同约定容量用电的，除应拆除私增容设备外，属于两部制电价的用户，应补交私增设备容量使用月数的基本电费，并承担三倍私增容量基本电费的违约使用电费；其他用户应承担私增容量每千瓦(千伏安)50元的违约使用电费；如用户要求继续使用者，按新装增容办理手续；③擅自超过计划分配的用电指标的，应承担高峰超用电力每次每千瓦1元和超用电量与现行电价电费五倍的违约使用电费；④擅自使用已在供电企业办理暂停手续的电力设备或启用供电企业封存的电力设备的，应停用违约使用的设备；属于两部制电价的用户，应补交擅自使用或启用封存设备容量和使用月数的基本电费，并承担二倍补交基本电费的违约使用电费，其他用户应承担擅自使用或启用封存设备容量每次每千瓦(千伏安)30元的违约使用电费；启用属于私增容被封存的设备的，违约使用者还应承担第2项规定的违约责任；⑤私自迁移、更动和擅自操作供电企业的用电计量装置、电力负荷管理装置、供电设施及约定由供电企业调度的用户受电设备者，属于居民用户的，应承担每次500元的违约使用电费；属于其他用户的，应承担每次5000元的违约使用电费；⑥未经供电企业同意，擅自引入(供出)电源或将备用电源和其他电源私自并网的，除当即拆除接线外，应承担其引入(供出)或并网电源容量每千瓦(千伏安)500元的违约使用电费。

13.如何预防居住小区高层住宅信息不准确？

答：在立户环节对该字段进行重点提示，进行事前告知；在业务流程的选择是否有高层建筑环节中嵌入数据质量校验规则，进行事中校验；在添加高层建筑信息时，"公变栋数""公变客户数"与"专变栋数""专用变压器客户数"不能存在都为空值的情况，增加校验规则；将不同建筑类型的释义添加到选项中，作为提示信息，便于业务录入人员及时分辨。

14.营销专业用电地址信息应当包含哪些信息？

答：营销专业用电地址信息包括行政区划和详细信息两部分。其中，行政区划包括省(直辖市/自治区)、市、区/县、街道/乡镇、居委会/村等五级，详细信息包括道路、小区、门牌、地标、经纬度信息等。

15.《供电营业规则》中对产权分界点是如何规定的？

答：根据《供电营业规则》第四十七条，供电设施的运行维护管理范围，按产权归属确定。责任分界点按下列各项确定：①公用低压线路供电的，以供电接户线用户端最后支持物为分界点，支持物属供电企业；②10kV 及以下公用高压线路供电的，以用户厂界外或配电室前的第一断路器或第一支持物为分界点，第一断路器或第一支持物属供电企业；③35kV 及以上公用高压线路供电的，以用户厂界外或用户变电站外第一基电杆为分界点，第一基电杆属供电企业；④采用电缆供电的，本着便于维护管理的原则，分界点由供电企业与用户协商确定；⑤产权属于用户且由用户运行维护的线路，以公用线路分支杆或专用线路接引的公用变电站外第一基电杆为分界点，专用线路第一基电杆属用户。在电气上的具体分界点，由供用双方协商确定。

16. 如何预防居住小区属性标签不准确？

答：在业务受理环节与用户进行确认，并仔细校核；在业务流程录入环节进行事中校验，并在系统属性标签增加不能存在矛盾的校验规则，如保障性住房不能是商品房；结合用电检查、计量消缺、现场停复电等现场工作开展现场复核，并对属性标签进行核对和完善。

17. 如何预防居住小区变压器信息不准确？

答：在建档环节对居住小区变压器信息字段进行重点提示，进行参数确认告知；在业务流程的录入参数环节加入参数校核、审批环节；建立相关运维、营销协同机制，同步参数；在业务流程中增加提供现场图片作为判定支撑；将日常站房运维情况及时录入站房环境信息。

18. 如何划分和明确数据质量责任？

答：数据质量责任按照数据生成、数据审核、数据使用、技术支持等方面进行划分，责任类型分为主要责任、次要责任、监督责任。原则上谁生成谁负责，谁审核谁负责，谁运维谁负责，谁使用谁监督。营销业务系统的每项业务数据，即系统数据表中每条数据记录对应的具体字段，均需有明确的责任人；历史数据难以找到责任人的，由省、市、县级公司按照岗位明确具体责任人。

数据生成人承担数据质量的主要责任。人工录入、填写的由录入人员作为数据生成人；设备自动采集数据，经业务相关人员确认的，由业务确认人作为数据生成人；无须业务人员确认的数据，由采集设备的运维人员作为数据生成人。经过修改加工的数据，最后一次修改加工数据的人员更新成为该数据的生成人；通过程序以自动化手段批量修改的数据，由申请修改的业务人员作为数据生成人。数据审核人应在审核环节及时发现数据质量问题，经过审核的数据，审核人承担次要责任。数据使用者承担数据质量的监督责任。因系统运行故障、硬件故障、网络通信问题等技术原因造成的数据不一致、数据丢失等数据质量问题，由运维人员承担主要责任。

19. 如何预防基本电费漏收？

答：强化业务人员培训，熟练掌握暂停、减容业务规范，深入学习《国家电网有限公司业扩报装管理规则》等相关规定；加强用电信息采集系统数据应用，比对是否存在现场变压器启停时间与营销业务系统不一致；加强档案治理，运用大数据手段，对全量"执行两部制电价，基本电费为'不计收'"的工业用户进行排查治理；定期开展用电检查，现场核实用户是否存在私增、私换、私启、一址多户情况。

20. 如何预防超容用电？

答：在用户报装时，核查提供的用电设备信息是否准确；定期开展用电检查，了解用户新加用电设备的容量；运用用电信息采集系统，以日为周期，监测用户负荷情况，对实际运行容量在约定容量90%~105%范围内的用户，利用"网上国网"App、微信公众号等渠道向用户开展预警，提醒用户通过办理增容、调整生产班次、降低设备同时率等方式控制负荷；对实际运行容量超过约定容量105%（即超容比例大于5%）的用户，在营销业务应用系统客户档案中"运行容量"信息做好超容标识，提醒在月度抄表结算、电费发行时，同步发起违约用电现场检查流程，现场核实确有违约用电行为的，按规定完成超容违约办电行为处理。